KB194506

도심 속의 도인

석주 큰스님

김현준 엮음

✽효림

도심 속의 도인 석주큰스님

엮은이 김현준
펴낸이 김연지
펴낸곳 효림출판사

초 판 1쇄 펴낸날 2005년 01월 01일
개정판 1쇄 펴낸날 2022년 12월 15일
        2쇄 펴낸날 2024년 05월 16일

등록일 1992년 1월 13일 (제2-1305호)
주 소 서울특별시 서초구 반포대로14길 30, 907호(서초동, 센츄리Ⅰ)
전 화 02-582-6612, 587-6612
팩 스 02-586-9078
이메일 hyorim@nate.com

값 5,500원

ⓒ 효림출판사 2023
ISBN 89-85295-42-X (03220)

개정판을 내면서

아! 석주큰스님.

우리나라 현대불교의 산 증인이요 대자비보살이신 석주(昔珠) 큰스님께서 2004년 11월 14일 오후 4시에 충청남도 아산 보문사에서 원적(圓寂)에 드셨습니다.

하늘에 떠있던 해가 갑자기 사라진 듯한 슬픔이 몰려왔지만, 평소와 같은 자세로 큰 연꽃위에 앉아계신 스님의 모습이 자꾸만 보여, 법계 그 자체와 하나가 되신 큰스님께서 여전히 우리 곁에 계신다는 것을 확신할 수 있었습니다.

제가 경영하는 불교신행연구원의 고문으로 계시면서 월간 「법공양」에 깊은 관심을 쏟고 물심양면으로 큰도움을 주셨던 석주큰스님! 스님은 '「법공양」이야말로 최상의 포교지' 라며 늘 저희를 격려해 주셨고, 저에게도 포교를 열심히 한다며 은근한 사랑을 많이도 주셨습니다.

그리하여 그 은혜를 갚는 마음으로 스님의 자비로우셨던 자취를 되새기며, 당신께서 직접 들려주셨던 수행방법, 남기신 숱한 일화를 일부분이나마 정리하고 엮어 큰스님의 영전에 바쳤습니다. 그런데 스님에 대한 기억은 교계에서 너무 빨리 지워졌고, 이 책도 채 몇 년이 지나지 않아 서점에서 자취를 감추게 되었습니다.

그런데 최근 들어 불교계의 개혁과 발전을 위해 이 땅에 오신 스님의 이야기가 다시 피어나기 시작했고, '도심 속에서는 결코 볼 수 없는 진정한 도인 스님을 잊어서는 안되겠다'는 생각이 들어 개정판을 내게 되었습니다.

부디 이 글을 읽는 분들이 큰스님의 자비로운 자취와 큰 삶 속에서 다시 깨어나, 큰스님의 뜻과 같이 참된 불자의 삶을 영위하시기를 두손 모아 축원드립니다.

2022년 12월 1일
김현준 합장

차 례 / 도심 속의 도인 석주큰스님

· 序 ··· **5**

Ⅰ. 한결같은 수행 정진

· 6년간의 행자시절 ··· **13**

　어린 시절 / 13

　남전스님과 선학원 / 16

　출가 / 18

　한용운 등 큰스님과의 인연 / 22

　은사스님의 경책 / 25

　야학 / 27

　행자생활을 마감하고 / 30

· 강원과 선방생활 ··· **34**

　행복했던 강원공부 / 34

고향집으로 / 39

강원에 대한 그밖의 기억들 / 44

은사스님의 열반과 선방생활 / 48

Ⅱ. 중생교화의 쎄연

· 혼돈 속의 불교정화 … **61**

혼돈의 세월 / 61

불교정화운동 / 69

· 불교 발전을 위한 행원(行願) … **75**

역경(譯經) 불사 / 75

포교 / 81

붓글씨 불사 / 90
중앙승가대학 학장 / 94
불교행정에 임하여 / 99
회향(廻向)과 원적(圓寂) / 102

Ⅲ. 큰스님의 일화

· 안과 밖, 시작과 끝이 똑같은 분 ⋯ **109**
의식주(衣食住) / 110
생활 속의 가르침 / 118
남몰래 은혜를 / 127
어린이 사랑 / 132
생일과 효도 / 136

하심(下心)과 수계법회 / 141

경책(警策) / 147

그밖의 일화들 / 151

· 석주당 정일 대종사 연표 ··· 157

제 I 장

한결같은 수행정진

제 I 장에서는
스님의 어린 시절에서부터 6년씩 정진하셨던
행자시절 · 강원공부 · 선방생활을
중심으로 소개합니다.
이 모든 내용은 지난 2002년,
큰스님께서 직접 들려주셨던
수행담을 중심으로 엮은 것입니다.

6년간의 행자시절

어린 시절

스님은 경술국치 한 해 전인 1909년, 경북 안동군 북후면의 금계산 기슭에 있는 옹천마을에서 아버지 강대업과 어머니 유복임으로부터 귀중한 생(生)을 받으셨다. 5형제 가운데 둘째였으며, 속명은 계술(啓述)이다.

옹천마을은 400여 호가 모여 사는 진주 강(姜)씨의 집성촌으로, 주민 대부분이 다락밭을 일구며 사는 가난한 마을이었다. 마을 부근에는 신라 31대 신문왕 때 세워진 봉서사(鳳捿寺)라는 고찰이 있어 어릴 적부터 종종 찾았는데, 그것이 현생에서 불교와 맺은 첫 인연이었다.

아버지는 손재주가 뛰어나 농사를 짓는 여가에 갓이나 망건 등을 만들어 파셨으며, 어머니는 아주 부지런하고 밥알 하나라도 흘리면 엄히 꾸짖는 알뜰한 분이셨다.

두 분 다 자식에 대한 교육열은 대단하여, 가난한 살림살이에도 계술을 글방에 보내 글공부를 하게 하셨다. 마침 옹천마을에는 조선 정조 때 세운 사익재라는 글방이 있었고, 학문 높은 훈장님이 아이들을 가르치고 계셨다.

계술은 일곱 살 때부터 글방을 다녔는데, 공부하는 것을 무척 좋아하여 『천자문』·『명심보감』·『동몽선습』·『사략』·『통감』을 차례로 배워 마쳤다. 그러나 소년 계술은 한문 공부만으로 만족할 수가 없었다. 새롭게 밀려들어오고 있는 신학문을 배우고자 하는 열망이 언제나 마음 속에 가득하였다.

하지만 바로 그 무렵 심한 가뭄이 찾아왔고, 집안 형편은 극도로 악화되어만 갔다. 살림살이와 총명한 둘째 아들의 공부 사이에서 갈등을 하던 어머니는 고심 끝에 계술을 서울로 보내기로 결심하셨다. 마침 서울에서 필방을 운영하고 계셨던 9촌 아저씨가 가회동에 집을 한채 마련하여, 고향 사람들 자제 10여 명에게 하숙을 시키며 신학문을 공부할 수 있도록 하고 계셨기에 용단을 내린 것이다.

어머니는 9촌 아저씨에게 아들의 공부를 부탁하는 편지를 띄우셨고, 얼마 후 올라와도 좋다는 답장을 받으셨다.

14세였던 계술은 소떼를 몰고 송파 우시장으로 향하는 소장수 아저씨들과 동행하여, 고향에서 서울까지의 5백리 길을 하루 백리씩을 걸어 닷새만에 도착하였다. 그러나 하숙을 하며 공부를 할 수 있는 형편이 못되었으므로, 계술은 필방에서 아저씨가 붓을 만드시는 일과 잔심부름을 하며 지냈다.

아저씨가 만드신 붓은 잘 팔리는 편은 아니었으나 품질이 좋아 글 잘하는 선비들이 단골로 드나들었고, 그 단골 중에 스님의 은사가 되신 남전노스님도 계셨다. 은사스님과의 인연은 그렇게 시작되었다.

남전스님과 선학원

남전(南泉, 1868~1936) 노스님은 당대의 선지식이셨을 뿐아니라 선필(禪筆)로도 이름을 날리신 분이다. 노스님은 직접 필방으로 와서 붓을 구입하시거나 사람을 보내 주문하셨다. 그때가 되면 강계술은 붓을 들고 남전노스님이 주석하고 계셨던 안국동의 선학원(禪學院)으로 달려갔다.

남전노스님은 서산(西山) 대사 문하의 편양언기(鞭羊彦機) 선사의 법손으로, 우리 나라 선종의 정통 맥을 이은 고승이셨다. 노스님은 1921년 10월에 석왕사 경성포교당의 도봉스님, 범어사 경성포교당의 석두스님과 함께 한국불교의 수행풍토 진작을 위해 선종의 중앙기관으로 선학원을 설립하셨다.

선학원의 창건에는 남전·도봉·석두스님이 각각 3천 원씩을 출연(出捐)하였고, 범어사의 성월스님도 많은 도움을 주셨으며, 용성(龍城)스님과 만공(滿空)스님도 뜻을 같이 하셨다.

설립 이듬해인 1922년에는 우리 나라의 대표적인

선지식 79명이 선학원에 모여, 각 선원들의 자립활로를 모색하고 선맥과 청정수행 풍토를 드날리기 위해 선우공제회(禪友共濟會)를 창립하였다.

자연 선학원은 선종의 중심도량이 되었으며, 만해 한용운스님과 만공스님 등 당대의 선객들이 자주 드나들면서 항일투쟁을 논의하는 중심 장소가 되었다.

이러한 선학원에 계신 남전노스님과 강계술과의 깊은 인연은 의외의 사건에 의해 빨리 다가왔다. 곧 서울에 올라온 지 1년이 지난 1923년 봄, 9촌 아저씨가 남의 사업 보증을 잘못 서주는 바람에 큰 빚을 지게 되셨다.

아저씨는 하숙을 하고 있던 아이들을 모두 고향으로 돌려보내셨고, 강계술은 평소 각별한 친분이 있던 남전노스님과 맺어 주셨다. 부모님은 '형제 가운데 한 사람은 스님으로 만들겠다'는 말씀을 종종 하셨었기에, 둘째아들 강계술의 출가를 자연스럽게 받아들였다.

그때 스님의 나이는 15세였다.

출 가

강계술이 선학원으로 남전노스님을 찾아뵈었을 때, 스님께서 물으셨다.

"왜 출가를 하려고 하느냐?"

그러나 노스님 앞이어서인지 강계술은 입이 얼어버린 듯 시원한 대답을 하지 못하였다. 가만히 얼굴을 바라보던 남전노스님은 말씀하셨다.

"어떠한 일이 있더라도 마음 변치 말고 사람되는 공부를 해야 한다."

강계술은 기쁜 마음에 얼른 대답하였다.

"공부가 되는 일이라면 무엇이든지 하겠습니다."

이렇게 하여 6년에 걸친 스님의 기나긴 행자생활은 시작되었다.

이미 각오는 하고 있었지만 행자생활은 어떤 시집살이보다도 맵고 고되었다. 하루의 고행은 꼭두새벽부터 시작되었다. 일어나 잠자리를 정돈한 뒤, 세수를 하고 법당에 들어가 새벽예불을 준비하였다. 촛불을 켜고, 향을 피우고, 다기물을 올리고….

예불 후에는 도량을 청소하고 대중들의 공양을 준비해야 했다. 밥을 하는 공양주(供養主), 국을 끓이는 갱두(羹豆), 반찬을 만드는 채공(菜供)의 일까지 모두가 스님의 몫이었다. 또 공양 후에는 혼자서 설거지를 하였는데, 이 일들은 하루 일과의 시작에 불과한 것이었다.

점심과 저녁공양 준비는 물론이거니와, 나무시장에서 통나무를 사가지고 와서 도끼로 쪼개어 요사채의 뒤뜰에 차곡차곡 쌓아놓았으며, 방마다 군불을 지펴야 하는 부목(負木)의 소임과 절의 살림을 맡아보는 원주(院主)의 일까지 모두 해야만 했다.

또한 절에 계신 스님들이 무슨 일을 할 때면 이것저것 도와주어야 했고, 선학원의 온갖 잡무를 도맡아 하였으며, 선학원으로 찾아오는 전국 선객들을 보살피는 지객(知客)의 일까지도 스님의 몫이었다. 그야말로 하루 하루가 눈코 뜰 새 없는 바쁜 날의 연속이었다.

행자생활 2년째인 1924년은 특히 바쁜 일들이 많은 해였다. 대선지식이셨던 만공선사께서 선학원에서 동안거(冬安居)에 들어가셨기 때문이었다.

만공선사의 도력을 익히 알고 있던 전국의 선객들이

몰려와 방부를 들인 뒤 안거에 들어가자, 스님의 일거리는 더욱 늘어만 갔다.

하지만 선학원에는 일반 신도가 별로 없었다. 계동의 심 정승댁 부인과 훈박동의 조 대감댁 부인 등 상류층의 부인들이 내왕하였다.

또 별궁(別宮)이 안국동 네거리, 지금의 풍문여고 자리에 위치했던 연고로 여러 상궁들도 자주 출입하였다. 당시에는 스님들의 대궐 출입이 힘든 때였으므로 행자인 스님이 상궁들의 심부름까지 도맡아서 하여야했다.

하지만 천성이 요령도 없고 우직했던 스님은 그렇게 바쁘고 힘든 행자생활을 묵묵히 견디어 나갔다. 그러던 어느 날이었다. 일이 너무 고되어 견디다 못한 스님이 남전노스님께 말씀드렸다.

"스님, 제가 하는 것은 일이지 공부가 아닌 것 같습니다."

"네가 하는 일은 일을 위한 일이 아니다. 공부를 하기 위한 일이다."

불만이 컸던 스님은 계속 말씀드렸다.

"그러면 스님, 공부하기 위한 일만 시키지 마시고 공

부도 좀 가르쳐 주십시오. 그래야 공부하기 위한 일이 공부에 얼마나 도움이 되는지를 알 수 있지 않겠습니까?"

그러자 노스님께서 염불독송집을 건네 주시며 말씀하셨다.

"급하기도 하구나. 그래, 할일을 하나 더 주마. 일을 하면서 놀고 있는 입으로 염불이나 해라."

마침내 스님은 선학원에 들어간 지 몇 달만에 목탁을 칠 수 있게 되었다. 그리고 남전노스님으로부터 '정직하고 바르게 살라'는 뜻의 정일(正一)이라는 법명도 받았다.

뒷날 스님은 고통스런 행자생활을 시킨 남전노스님의 깊은 뜻을 이해하시고, 노스님께서 들려주신 금언(金言)을 사람들에게 이야기 하셨다.

"노스님께서는 자주 말씀하셨지.

'마음에 틈이 생기면 쓸데없는 생각이 끼어들어 사람을 게으르게 만든다. 그렇게 되면 마음에 때가 묻기 마련이니라.'

은사스님께서는 게으름 없이 항상 정진하는 습관을

들여 앞으로의 수행생활을 잘할 수 있도록 해 주고자 함이셨어. 또 순간 순간의 생활에 충실히 살아야 하고, '평상심이 도(道)'라는 진리를 깨우치라는 무언의 가르침이셨지. 공양을 마련하고, 설거지를 하고, 장작을 패고, 잔심부름을 하는 모든 일들이 수행정진 아닌 것이 어디 있겠는가."

한용운 등 큰스님과의 인연

선학원에는 남전노스님을 비롯하여 석두·도봉·만공선사 등 한시대를 풍미했던 고승 대덕들이 주석하셨지만, 그 중 만해 한용운선사와의 인연은 각별한 것이었다.

3·1운동 당시 민족대표 33인 가운데 한 분으로 3년간의 옥고를 치르신 만해선사는 조국의 독립과 불교개혁을 위해 불철주야 애쓰고 계셨다. 그분은 평소 말이 없으셨고, 아주 강직한 성품과 냉철한 지성의 소유자였다.

혈기가 왕성하고 운동을 좋아하였던 스님은 선학원 내에 있는 간이 탁구대에서 곧잘 탁구를 즐겼다. 그러다가 한번은 만해선사로부터 꾸지람을 들었다.

"그렇게 소리를 내며 탁구를 치면 다른 스님들의 공부에 방해가 되지 않겠느냐!"

또 만해선사의 심부름도 많이 하였다. 스님의 나이 18세 때 만해선사는 47세였으며, 그때 시집『님의 침묵』이 출간되었다. 스님은『님의 침묵』을 알리고 팔기 위해 책방마다 방문하여 시집을 돌렸고, 시집을 판 돈을 수금하여 만해선사께 갖다드리곤 하였다. 그러나 그때는『님의 침묵』이 별 호응을 얻지 못하였고, 해방 이후에야 크게 유명해졌다. 스님은 회고하셨다.

"만해스님은 평소에는 별 말씀이 없었지만, 변재(辯才)가 출중한 분이셨어. 당시에는 각 종교계의 인사들이 모여 공동 강연회를 열었는데, 만해스님께서는 뛰어난 변재로 청중들을 사로잡아 제일 인기가 좋으셨지.

강연회가 끝나면 기독교계 인사들은 미리부터 '질문을 하지 말라'고 하고는 어떤 질문도 받지 않았지. 그러나 만해스님은 달랐어. 누구나 질문을 하라고 하셨고, 청중들은 스님께 몰려들어 질문 공세를 퍼부었지. 그러면 만해스님께서 조목조목 정확하고 시원한 답변을 해주셨어. 나중에는 사회자가 나서서 '미안하지만 나중에 개인적으로 질문하라'며 떼어놓을 정도였으니까.

그토록 박식한 분인데 그분의 방에 들어가보면 이상하리만큼 책이 한 권도 없었어. 그 힘이 어디서 나온 것이겠는가? 바로 스님의 정진력이요 도력이야."

1926년 만해선사는 6·10만세운동의 사전 검속으로 인해 선학원에서 나오시다가 잠복해 있던 경찰에 의해 체포, 수감이 되었다. 선사께서 신간회의 경성지회장을 역임하고 있다는 이유에서였다.

선학원의 행자시절에 몸은 비록 고되었지만, 만해선사를 가까이에서 자주 뵈며 스님은 그분의 영향을 많이 받았으며, 자연 조국의 독립에 대하여 누구보다 많은 관심을 갖게 되었다.

그리고 만해선사를 비롯하여 선학원을 드나들었던 많은 고승들의 말 한마디 행동 하나는 그대로 가르침이 되었고 승려생활의 지침이 되었다. 또한 몇몇 큰스님들

은 혼자서 행자일을 하고 있는 스님을 기특하게 여겨서
인지, 귀감이 되고 힘을 북돋아 주는 법문들을 많이 들
려주셨다.

그 시절 또 하나의 중요한 일은 해인사의 은경스님
으로부터 『부모은중경(父母恩重經)』을 배운 것이었다.
『부모은중경』은 부모님의 깊은 은혜에 대한 깊은 감동
과 참된 효도가 무엇인지를 일깨워 주었다. 이때의 감
명과 인연으로 스님은 평생토록 수시로 『부모은중경』
을 만들어 많은 이들에게 유포하셨다.

은사스님의 경책

행자시절 동안 스님은 고향의 어머니를 자주 생각하
였다. 어느 날 남전노스님께서는 스님이 어머니를 몹시
그리워하고 있다는 것을 알아채시고 문득 말씀하셨다.

"출가를 결심한 자는 그리움에 젖어서는 안 된다. 무
릇 바른 길을 잘 닦아나아가야 어머니께 더 큰 효도를
할 수 있느니라. 마음이 약해지면 얻는 것보다 더 많은

것을 잃을 수가 있다."

또 다음과 같은 말씀으로 평생의 가르침을 주기도 하셨다.

"부모님께 진정으로 효도하는 길은 네가 참부처가 되는 것이니라."

그리고 한 번은 다음과 같은 일이 있었다.

남전노스님은 매우 알뜰하셔서 먼 곳에 가실 때에도 절대 전차를 타지 않고 걸어다니셨다. 당시에도 전차는 대중교통이어서 요금이 그리 비싼 편이 아니었다. 어느 날에는 스님이 전차를 타고 어디를 다녀왔을때, 그 사실을 아신 은사스님께서 말씀하셨다.

"네가 나보다 형편이 낫구나."

그 뒤 스님은 이 말씀을 평생의 교훈으로 삼으셨으며, 자주 말씀을 들려주셨다.

"지금도 칠보사에는 은사스님의 영정이 모셔져 있는데, '너는 너무 호사스럽게 산다' 며 나무라시는 것 같아 그 영정을 똑바로 쳐다보지 못할 때가 많아."

엄하기 짝이 없었던 남전노스님은 아무리 일을 잘하여도 스님을 칭찬하는 법이 없었다. 그런데 어느 날

밤, 선학원 대중들이 모두 한방에서 잠을 자게 되었는데, 한밤중에 남전노스님께서 다른 스님께 말씀하시는 것을 잠결에 우연히 듣게 되었다.

"허허, 저 아이는 아주 바르고 정직하지."

스님은 순간 가슴이 찡하였다. 겉으로는 한없이 냉정하신 분이시지만, 속으로는 무척 아끼고 사랑하고 있음을 느꼈던 것이다.

야 학

신학문을 배우고자 하는 열망이 매우 강하였던 스님. 고향에서 다닌 글방 이외에는 어떠한 학교도 다닌 적이 없었던 스님은 야학에서라도 또래들처럼 신학문과 우리 글을 배우기를 원했었다. 그러나 워낙 엄하셨던 남전노스님은 사적인 일로 바깥출입을 하는 것을 일체 금하셨다.

그러던 어느 해였다. 남전노스님께서 볼일이 있어 여섯 달 동안 선학원을 비우게 되었다. 스님은 '기회다' 싶어, 종로의 청년회관에서 하는 야학(夜學)에 다니기로 결심하였다.

당시에는 일제의 조선어 말살정책에 대한 저항의 일환으로 민족교육운동이 야학을 통해 이루어지고 있었다. 그때 청년회관에서는 신학문과 한글, 그리고 우리나라의 역사에 대한 강좌가 있었다. 스님은 열심히 공부하였다.

그리고 한창 혈기가 왕성하였던 스님은 밤 열시에 야학을 끝내고 청계천 옆 동대문에 임시로 만든 스케이트장에 들러 마음껏 스케이트를 타곤 하였다. 한밤중이었지만 스케이트장에는 의외로 스님 같은 젊은이들이 많이 있었다.

또 야학을 다니며 많은 친구들도 사귀었다. 그 친구들은 모두가 민족의식이 투철하였는데, 어느날 함께 '만주로 건너가 독립운동을 하자'는 다짐까지 하였고 구체적인 날도 잡았었다. 하지만 스님은 남전노스님의 은혜를 차마 저버릴 수가 없어, 친구들과의 약속을 포기하고 말았다.

야학에서 글을 익힌 스님은 그 뒤 비교적 많은 책을

읽었다. 장을 보고 돌아오는 길에 인사동 등의 책방에 들러 조선교육협회에서 발행한 교과서와 『초등대한역사』·『고등소학수신서』 등 민족교육용으로 쓰이던 책을 구입하여 읽은 것은 물론, 『대한국어문법』·『조선문전』 등도 공부하였다.

또한 『조선문단』이나 『개벽』 등의 문학잡지들도 탐독하였다. 월간지 『동광』과 당시 대표적인 민족지였던 조선일보와 동아일보도 꾸준히 애독하였다. 잡지와 신문들은 여러 가지 정보제공과 함께 일제의 참상을 폭로해 줌으로써, 은연중에 스님의 민족주체의식을 일깨워 주었다.

특히 조만식(曹晩植) 선생이 주도한 물산장려운동(物産獎勵運動)에 대한 기사는 많은 울림을 주었다. 물산장려운동은 1920년 평양에서 시작되었고, 1923년에 전국적인 규모로 확대되어 산업장려와 국산품 애용의 바람을 일으켰다. 스님은 회고하셨다.

"그때의 습관 때문인지 오늘날까지도 나는 아침마다 일간지 너댓 개를 꾸준히 보고 있어. 그리고 우리 농산물 애용이나 국산품 애용에 남다른 관심을 가지고 있어."

또한 1926년 6월 10일에 있었던 6·10만세사건은 스님의 기억에 너무도 생생하게 남아있었다. 그날은 조선의 마지막 임금이셨던 순종의 인산일(因山日)이었다. 스님은 '큰일이 터지고 말 것'을 직감하였다.

아니나 다를까. 그날 오전 연희전문과 중앙고보의 학생들이 주축이 되어 종로에서 독립만세를 부르고 격문(檄文)을 뿌리는 것을 목격하였다. 결국 순종의 국장일에 빚어진 이날 사건으로 수백 명이 체포되었고, 만세운동은 전국으로 번져 천여 명이 체포·투옥되었다.

행자생활을 마감하고

어느덧 스님의 행자생활도 6년이 되었다. 남보다 훨씬 긴 행자생활을 하다 보니 반복되는 행자생활에 대한 염증은 깊어만 갔고, 시간이 흐를수록 강원에 들어가 체계적인 공부를 하고 싶다는 갈증이 날로 더하였으며, 끝내는 이른 새벽 부엌에 들어가는 것이 마치 도살장에 들어가는 듯한 기분마저 들었다.

마음이 그렇게 흔들리다 보니 불미스런 일이 기어이 터지고야 말았다. 하루는 몸이 너무 피곤하여 늦잠을 자다가 은사스님께 들키고 말았다. 남전노스님은 호되게 나무라셨다.

"그렇게 게으름을 피울 요량이면 당장 나가거라!"

스님은 무엇이 그리 서운했던지 참지 못하고, 감히 은사스님께 대꾸를 하였다.

"예, 나가지요. 나가겠습니다."

스님은 그 길로 근처의 법륜사로 가서 며칠을 머물다가 다시 선학원으로 돌아왔다. 남전노스님께서 내가 미워 야단을 치신 것이 아님을 누구보다 잘 알고 있었고, 또 스님이 아니면 선학원의 살림살이를 할 사람이 없었기 때문이었다.

그리고 그 일이 있었던 며칠 뒤, 스님은 이상한 꿈을 꾸었다. 부산 범어사 주지인 경산스님이 선학원에 오신 것이다. 스님은 평소 안면이 있었던 경산스님께 범어사로 데려가 줄 것을 간청하였고, 마침내 허락을 얻어 서울을 떠나게 되는 꿈이었다.

그런데 이튿날이 되자 꿈이 그대로 현실로 바뀌었다. 아침에 경산스님께서 상좌를 데리고 선학원 대문을 들어서는 것을 목격하였고, 남전노스님을 뵈온 경산스님은 스님을 가리키며 청하였다.

"스님, 이제 저 아이도 공부시킬 때가 되지 않았습니까? 범어사로 보내시어 경전공부를 하게 하시지요."

은사스님은 잠시 생각에 잠기는가 싶더니, 마침내 허락을 하셨다. 6년에 걸친 기나긴 행자생활이 끝나는 순간이었다.

범어사로 떠나기 전, 스님은 그 동안 마음 속에만 깊이 간직하고 있던 원을 은사스님께 말씀드렸다.

"스님, 범어사로 가기 전에 고향집을 한 번 다녀왔으면 합니다."

힘겨운 행자시절 동안 스님은 고향 생각, 특히 어머니 생각을 하며 남몰래 여러 차례 눈물을 짓곤 했었다. 아흔이 훌쩍 넘은 나이에도 스님께서는 '어머니 생각을 하면 당신도 모르게 눈시울이 젖어들곤 한다'고 하셨던 효성스런 분이셨다. 스님은 행자시절 동안 책을 살 때 외에는 돈을 거의 쓰지 않고, 한 달에 2원인 월

급을 꼬박꼬박 모아두었었다. 나중에 어머니를 뵐 기회가 닿으면 가난으로 고생하시는 어머니께 전해드리기 위해서였다. 그러나 남전노스님은 허락을 하지 않으셨다.

"한번 집을 나왔으면 그만이지, 집에는 왜 간다는 것이냐? 범어사에서 1년 정도 지낸 뒤에나 가보도록 하여라."

할 수 없이 스님은 모아놓은 돈 모두를 은사스님께 맡기고 어머님에 대한 그리움을 가슴 속에 접어 둔 채 범어사로 길을 떠나게 되었다.

열다섯에 출가하여 6년 동안 고된 행자생활을 하고, 스물이 되어서야 비로소 부처님의 가르침을 전문적으로 공부할 수 있는 범어사 강원을 향해 부푼 꿈을 안고 선학원을 떠났던 것이다.

강원과 선방 생활

행복했던 강원공부

1928년 2월 1일, 스님은 남전스님을 은사로 이산스님을 계사로, 범어사 금강계단에서 사미십계를 받고 득도(得度 : 계를 받아 스님이 됨)하였다. 그리고 마침내 불교 전문 강원에 들어가게 되었다.

선찰대본산(禪刹大本山)인 금정산 범어사에서 보낸 6년은 스님 평생에서 '가장 행복하고 유익하고, 또 값진 시간이었다'고 회고하셨다. 왜냐하면 부처님의 소중한 가르침을 마음껏 배우며 공부할 수 있었기 때문이었다.

범어사는 부산 동래에 있는 절로 678년(신라 문무왕 18년)에 의상대사께서 창건하였으며, 화엄십찰(華嚴十刹) 가운데 하나이다.

당시 범어사 대중은 3백 명이 넘었고, 불교 전문강원에서 공부를 하는 학인 수도 한 반에 50명 가량이나 되었다.

요즘에는 강원교육이 4년이지만, 당시 범어사의 강원교육 과정은 6년이었다.

교과 과목은『초발심자경문』·『치문』등을 배우면 사미과를 마쳤고, 사집과에 들어가『서장』·『도서』·『선요』·『절요』를 공부하였다. 그리고 사교과에 올라가『기신론』·『능엄경』·『원각경』·『금강경』을 배우고, 대교과에 올라가『화엄경』을 공부하였다.

강원에서는 가르치는 사람이나 배우는 사람이나 밤낮으로 열심히 책을 보았다. 그리고 학인들은 절제된 생활과 엄격한 규율 속에서 하루하루를 보내었다. 그러나 불법(佛法)을 배우고 익히는 그 시간들은 너무도 행복하고 꿀맛과도 같았다.

강원의 정규 수업시간은 한 교시당 2시간씩 하루 8

시간으로 짜여져 있었다. 우선 아침 첫 시간이 되면 대나무 가지를 강통(講筒)에 넣어, 그날 하룻동안 글을 읽고 해석할 '발기'와 '중강(中講)'을 임의로 뽑았다.

발기로 뽑힌 사람은 대표로 경을 읽고 의문이 나는 것들에 대해 중강에게 질문을 하였다. 그러면 중강은 그 자리에서 답을 해주어야 했다.

수업시간에는 그런 식으로 도반들끼리 서로 질문하고 토론하며 자체적으로 경을 새겼다. 때로는 토론이 논쟁으로 번졌고, 논쟁이 격해져 싸움 일보 직전까지 가는 살벌한 분위기가 벌어지는 날도 있었다. 그러나 이 모든 것들은 부처님 법을 올바르게 배우고자 하는 도반들의 용광로와 같은 열기 때문이었고, 진리에 접근해 가는 과정이었다.

따라서 학인들은 글을 읽고 외우고 해석할 때 도반들로부터 무안을 당하지 않으려고 누구 할 것 없이 모두 밤잠을 설쳐가며 열심히 공부하였다. 수업시간에 미심쩍은 부분이 남아 있으면, 강주스님을 찾아가 여쭈어 의문을 풀었다. 스님은 이때의 좋은 점을 잘 상기시켜 주셨다.

"돌이켜보면 이런 개방적이고 자유로운 풍토 속에서, 강주스님들의 영향보다는 각자의 적극적인 노력과 도반들의 힘에 의해 공부가 늘었던거야."

이렇게 강원생활을 한 지 일 년이 지났을 무렵이었다. 마침 범어사의 한 스님이 선학원에 볼일이 있어 상경하게 되었는데, 그 스님께 '신상에 대한 소식과 안부를 은사스님께 여쭈어 주십사' 하고 부탁하였다. 그러자 얼마 뒤 은사스님께서 다음과 같은 정겹고도 인자하신 글월을 보내 독려해 주셨다.

들은즉 네가 경(經)을 본다 하여 내 한바탕 웃었노라.

…… 네가 이제 사중(寺中)의 쌀을 먹고, 사중에서 주는 물품으로 생활하게 되었으니 간경(看經)이 어찌 편안하겠느냐? 사은(寺恩)이 실로 큰 것이니라.

그런데도 불구하고 성공하지 못하면 한갓 헛되이 광음(光陰)만 허비할 뿐만 아니라 세상에서도 쓸모가 없게 되나니, 어찌 편히 생명을 보존하겠는가?

대저 천하의 풍속을 배우는 과정에는 천하의 풍속 안에서 살아야 하나니, 누가 홀로 풍속을 멀리 하고 별달리 살 수가 있으랴.

  공연히 배움의 과정에 전념하지 않으면, 혹 그 과정을 마쳤다 할지라도 남의 부림을 받게 될뿐이다. 진정 '나'에 대해 무식한 사람이 팔을 흔들고 큰소리를 친다면, 네가 생각하기에도 부끄러운 일이 아니겠느냐? 하물며 배움의 과정을 성취치 못한 자야 더 말할 것이 있겠느냐?

  서양 사람들 중 불교공부에 전력(專力)하여 득력(得力)하는 자가 가끔 나오게 되는 것을 볼 때, 가히 우리들의 지량(智量)이 모자라는 것을 한탄치 않을 수 없도다.

  승려가 되어 배움의 과정에 들어간 자는 비록 재지(才智)가 있다고 하더라도 금과 옥을 버리고 기와와 마(麻)를 취하는 것이 마땅하다. 누구를 막론하고 마음을 밝히는 공부와 정신학(精神學)에 전문적으로 꿰뚫어 들어가면 세상에서 크게 쓰이는 것이니, 어찌 조심하지 않을건가.

  너의 그릇은 내가 아는 바라 내가 군소리밖에 또 무엇을 말하리오마는, 부질없이 늙었는지라 남을 위해 입을 여는 것이 어찌 한 가지 두 가지리오.

기사년(1929) 4월 2일 안국동 노부(安國 老夫) 답(答)

고향집으로

그러고 스님의 강원 시절, 무엇보다도 잊을 수 없는 일은 출가 후 처음으로 어머니를 뵌 것이었다.

강원생활을 한 지 1년이 훨씬 지났을 때였다. 스님은 고향집을 한번 찾았으면 싶다는 청을 올리는 글을 은사스님께 올렸다. 그러자 은사스님은 다음과 같은 편지를 내리시며 허락하셨다.

자고로 출가인은 어떠한 일을 막론하고 출가인의 길에 이롭지 않을 때에는, 심지어 방편을 써서까지 회피하였다. 그래서 불교가 인륜을 벗어난 종교라고 하는 비평도 적지 않았다.

하지만 지극히 크고 지극히 공정한 종교에 나쁜 평이 미치도록 한 선사(禪師)님들이 어찌 우리와 같은 무지몰각(無知沒覺)한 인물이었으랴. 모두가 부종수교(扶宗樹敎) 하셨던 대종사(大宗師)들이셨고, '인륜 밖'이라며 비평하던 인물들은 더러운 티끌 속에서 고고한 생활을 하는 체하는 소견(小見)이 될 뿐이었다.

또 일건(一件)의 예를 들면, 홍인대사(洪忍大師)께서는 어머니를 모시는 집을 마련하였고, 사비선사(沙備禪師)께서는 아버지가 물에 빠졌는데도 돌아보지 않고 입산한 일이 있었다.

이 두 스님의 행적을 보면 어머니를 모시더라도 사랑 때문에 공부에 방해됨이 없었고, 효도를 하지 않았지만 종교에는 조금도 누(累)가 됨이 없었던 것이다.

이러한 증명의 예는 그만두고라도, 너의 사정은 네가 알아 행하여라. 나는 이렇게 하라 저렇게 하라고 특별히 지도하지 못하겠다. 십오 원은 올려보낸 학비에서 돌려쓰도록 하여라. 나는 열흘 남짓 설사를 계속하여 낱낱이 답하지 못한다.

경오년(1930) 5월 4일

드디어 스님은 범어사 주지스님의 허락을 얻은 다음, 하루도 잊어 본 적이 없는 어머니를 뵙기 위해 고향으로 향하였다. 출가 8년만의 일이었다.

그런데 처음에는 살았던 집을 찾기가 어려웠다. 그동안 고향 마을의 풍경이 많이 바뀐 탓도 있었지만, 그보다는 기억의 오류로 인해 빚어진 일이었다.

집 근처에는 냇가가 엄청나게 넓었던 걸로 기억하고 있었지만 사실은 한길 반밖에 되지 않았고, 집 뜰에 있는 고염나무도 아주 컸던 것으로 기억하고 있었는데 막상 보니 초라하기 그지없었다.

스님은 긴가민가 하는 생각에 집 주변을 두세 번 돌고 나서 대문으로 들어섰다. 그리고 마당에서 꿈에도 그리던 어머니를 뵈었다.

그런데 어머니는 8년 동안 몰라보게 변해 버린 스님의 모습을 한번에 알아보지 못하셨다. 훌쩍 커버린 키에 삭발을 하고 승복까지 입은 아들이 지나가는 탁발승인 줄 아셨던 모양이었다.

"어머니, 저 계술입니다."

그제서야 어머니는 잠에서 갓 깨어난 사람처럼 깜짝 놀란 얼굴로 스님을 보셨다. 그리고 놀라움에 말씀을 잊으신 듯 손을 잡고는 방으로 끌고 들어가셨다. 어머니는 젖은 눈으로 수행자의 신분이 된 아들을 한참 동안 바라보시고는 말씀하셨다.

"스님노릇 하기 힘들지?"

그리고 당신께서 손수 지으신 따뜻한 밥을 먹여 주

셨다. 스님은 고향집에 일주일 가량 머물며 부모·형제들과 마음에 묻어 두었던 이야기들을 나누고 강원으로 돌아왔다. 그것이 스님께서 고향집을 찾은 처음이자 마지막 발걸음이었다.

강원으로 돌아온 뒤, 스님은 '부모님께 진정으로 효도하는 길은 네가 참부처가 되는 것이니라' 라고 행자 시절에 해주셨던 은사스님의 말씀을 가슴에 되새기며 더욱더 공부에 진력할 수 있었다. 현생에서 이 몸을 낳아 길러 주신 은혜를 어찌 다 갚으리오마는, 수행자의 몸으로 곁에서 봉양을 해드리지 못하는 대신, 열심히 구도의 길을 걸으며 부모님을 위해 기도를 올리고 부처님의 바른 법으로 인도해 주는 것도 효도의 한 방편이라고 생각하였기 때문이었다.

또 그 즈음에, 스님은 강원생활을 하던 중 함께 공부하는 학인들이 모두 승적(僧籍)을 가지고 있어, 당신도 응당 승적이 있어야겠거니 하는 마음으로 은사이신 남전노스님께 승적에 관한 글을 올렸었다. 그런데 은사스님께서는 서릿발 같은 답장을 주셨다.

죄 지을 생각이 없으면

승적이 무슨 소용이 있겠느냐.

그와 같은 생각이 있으면

승적을 하지 않을 수 없느니라.

나는 이런 일에 어두운 까닭에

그 법식(法式)을 모르니,

다만 네 말을 믿고 따를 뿐이다.

지금 종교를 한다는 이들이

모두 형식에 그치고 있으니

심히 한탄스럽기만 하다.

지금 너에게 지혜가 없으니

내 말이 무슨 소용이리오.

네가 출가한 것이 이와같다면 속히 친가로 돌아가

오직 신상사(身上事)를 함이 옳을 것이니라.

나는 냉질(冷疾)을 면할 수 없어 이불을 끌어안고

손이 떨려 낱낱이 답하지 못한다.

경오년(1930) 5월 그믐날 답(答)

은사스님께서는 올곧고 청렴하신 평소의 성품답게,

외적인 것에 마음을 쓰지 말고 스스로를 돌이켜 보며 정직하게 수행하라는 의미에서 이러한 글월로 경책을 하셨던 것이다.

스님은 이 답장을 받고 마음 깊이깊이 감사를 드렸으며, 이후 은사스님의 이 말씀을 귀감으로 삼으며 평생을 살으셨다. 이 편지를 항상 머리맡에 두고 읽으며, 조그마한 죄라도 짓고 사는 것은 아닌지, 형식에 그치는 중노릇을 하는 것은 아닌지를 늘 점검하셨던 것이다.

강원에 대한 그밖의 기억들

당시의 범어사 강주스님 중에는 용해스님과 구해스님이 계셨는데, 그분들은 3·1독립운동 당시에 주동자로 체포되어 모진 고문을 받아 수족을 제대로 쓰지 못하셨고, 날이 궂은 날에는 후유증으로 많은 고통을 겪으셨다.

그리고 도반 중에는 훗날 시인이 된 김어수 씨도 있

었는데, 서로가 마음을 터놓고 친하게 지냈었다.

"김어수 씨는 개성이 강하고 유별났지. 강원시절 죽비소리가 울림과 동시에 붓으로 글을 새겨야 하는 시간이 되면 엉뚱하게도 종종 시조를 짓곤 하였어. 결국 그 재능과 끼를 주체할 수 없어서였는지 나중에 환속하여 시인이 되었지."

그리고 범어사 강원에는 스님과 같은 반은 아니었으나, 학인 가운데 '소마(相馬)'라는 일본인이 있었다. 하지만 일제에 대한 피해의식을 갖고 있던 학인들은 소마 씨와 거리를 두고 생활하였다. 어떤 날에는 소마 씨의 방문 앞에 격문을 붙이기도 하였다.

'일제의 스파이 소마는 일본으로 돌아가라.'

그도 그럴 것이 잔혹한 식민통치는 말할 것도 없거니와, 일제가 1911년 사찰령(寺刹令)을 공포하여 한국불교를 장악하고 일본식 불교로 만들기 위해 온갖 술수를 쓰고 있었기 때문이었다.

예를 들면, 사찰의 재산이 항일 독립운동 자금으로 흘러들어 가는 것을 차단하기 위해 사찰의 재산을 임의로 처분치 못하게 하였고, 전국의 사찰을 31본산으로 나누어 31본산의 주지를 총독의 승인 아래 취임케 하였다.

또 1926년 10월에는 승려들의 대처승 제도를 정식 인가하여 청정한 한국불교의 정통성을 말살하려 하였을 뿐아니라, 뒷날 비구들로 하여금 불교정화운동을 일으키게 하는 비구·대처 간 갈등의 불씨를 심어 놓았던 것이다.

자연 범어사의 학인들은 소마 씨를 스파이로 의심하게 되었고, 거리를 두며 생활하였다. 하지만 소마 씨는 꿋꿋하게 6년간의 강원과정을 모두 마쳤고, 몇 년 후에는 스님이 안거생활을 하였던 오대산 상원사의 한암선사 회상에서 한철을 나기도 하였다. 그러나 그가 일본으로 돌아간 뒤로는 소식이 끊겨버렸다고 한다.

그리고 강원에서 열심히 불경을 탐독하고 있던 어느날, 스님께는 하나의 큰 의심이 샘솟듯이 일어났다.

'중국과 일본에는 자국의 문자로 된 지나대장경과 일체경이 있는데, 왜 우리 나라에는 한글로 된 대장경이 없는 것일까? 너무나 훌륭하신 부처님의 금구언설

(金口言說)도 어려운 한자로만 되어 있다면, 우리의 일반 대중들에게는 그야말로 무용지물이 아닌가?'

결국 이 의심은 의심으로만 끝나지 않았다. 스님으로 하여금 '우리의 팔만대장경을 한글로 번역하겠다'는 서원을 세우는 계기가 되었고, 그 서원에 시절인연이 닿아 운허스님·용담스님 등 뛰어난 불제자들을 만나 실행에 옮기게 되었다.

그 결과, 2001년 9월 5일에 동국역경원의 한글대장경이 총 318권으로 완간되어 장충체육관에서 회향법회를 열게 되었고, 스님께서는 이렇게 말씀하셨다.

"그날은 내 평생에서 가장 감격스럽고 보람있는 날이었어."

1933년 3월 18일, 마침내 스님은 대교과를 모두 마치고 강원을 졸업하였다. 선방에 가서 참선공부를 하라는 주위의 권유도 있었지만, 스님은 우선 은사이신 남전노스님을 시봉해 드리기 위해 선학원으로 돌아갈 결심을 굳히고 서울로 발길을 옮겼다.

은사스님의 열반과 선방 생활

남전노스님께서는 선학원으로 돌아온 스님을 가상히 여기셨는지 '석주(昔珠)'라는 법호를 내려 주시며 말씀하셨다.

"석주라는 말은 옛 구슬, 곧 항상 변치 않는 우리의 마음 속에 있는 지혜를 뜻하느니라. 너는 이 법호처럼 지혜를 밝히며 사는 훌륭한 수행자가 되도록 하여라."

법호를 받은 스님은 남전노스님을 시봉하는 한편, 창건 초부터 경제적인 어려움이 많았던 선학원의 운영을 맡아보았다. 그런데 적음(寂音)스님으로 인하여 선학원의 살림은 새로운 전기를 맞게 되었다. 범어사로부터 선학원을 인수받은 적음스님께서 전국의 선원과 수좌들을 위한 선량(禪糧) 확보를 위해 1934년 12월 5일에 총독부로부터 '재단법인 조선불교 선리참구원'의 설립인가를 받아내었던 것이다. 하지만 어디까지나 그것은 공문서상의 이름에 불과하였고, 여전히 선학원으로 불리어졌다.

만공선사의 법제자인 적음스님은 침술과 한약조제

에 탁월한 재능이 있어 대중들에게 많은 공덕을 베풀어 주셨다. 자연 선학원의 살림살이는 늘어났고, 신도 수도 많아지게 되어 '부인선우회'도 조직되었으며, 요사채 밖 41번지에 부인회관까지 짓게 되었다. 적음스님은 선학원의 원장을 맡으셨고, 스님은 회계 일을 맡아 원장을 곁에서 도왔다.

그러던 어느날이었다. 어머니께서 갑자기 선학원에 찾아오셨다. 어머니는 당시 명륜동에 살았던 동생집에 머무르시며 며칠 동안 선학원에 오신 것이다.

때마침 선학원에서는 보살계 수계식을 봉행하고 있었는데, 이름 높은 선지식이셨던 석우(石友)스님께서 전계사를 맡으셨다. 어머니는 이 보살계 법회에 동참하셨고, 출가한 아들이 직접 지켜보는 자리에서 '정각화(正覺華)'라는 법명을 받으셨다.

1934년, 스님은 본격적으로 참선 수행을 결심하고, 당시 선학원에서 적음스님을 시봉하고 있던 덕웅스님과 함께 오대산 상원사에 주석하고 계셨던 한암 중원(漢岩 重遠 : 1876~1951) 선사를 찾아나섰다.

가난한 시절이었음에도 불구하고 인심이 좋아, 두

스님은 도중의 마을에서 숙식을 해결하며 오대산으로 나아갔다. 특히 덕웅스님은 비위가 좋아 탁발을 잘하였기에 스님은 어렵지 않게 상원사에 도착할 수 있었다.

상원사에는 신라 선덕여왕 14년(645) 때 자장율사가 불정골(佛頂骨)을 봉안한 적멸보궁이 있다.

그리고 그곳에 주석하고 계셨던 한암선사는 만공·혜월·침운선사와 더불어 경허선사의 법을 이은 대표적인 전법제자였고, 1936년 일제강점기에 만든 조계종의 초대 종정으로 추대되신 존경받는 고승이셨다. 또 한암선사는 한국전쟁 당시 생사(生死)를 초월한 경지를 보여 주며, 이른바 초토(焦土) 작전으로 인해 소각될 위기에 처해 있던 상원사를 지켜내신 유명한 일화도 남기셨다.

상원사에 찾아간 스님은 한암스님께 방부를 드린 뒤, '마삼근(麻三斤)' 화두를 받고 20여 명의 스님들과 함께 참선에 들어갔다. 이 '마삼근' 화두는 중국 운문종의 동산 수초(洞山 守初 : 910~990) 선사로부터 유래된 것이다.

어느 날 한 선객이 동산스님을 찾아와서 여쭈었다.

"어떤 것이 부처입니까?"

동산선사는 답하셨다.

"삼 세 근〔麻三斤〕이니라"

상원사 선방의 규칙은 무서우리만큼 철저하였다. 새벽 3시에 일어나 입선(入禪)에 들어가면 6시에 방선(放禪)을 하였고, 다시 8시에 입선하여 11시에 방선하였다. 그리고 오후 1시에 다시 입선에 들어가 밤 9시에 방선을 할 때까지 일체의 잡담 없이 정진을 하였다.

당시 상원사는 예산이 부족하여 20여 명이 함께 한 철을 보내기에 벅찬 살림이었다. 양식이 궁하여 감자로 끼니를 때울 때도 많았지만, 한암스님의 법력(法力)으로 버티어 나갈 수 있었다. 그러나 상원사는 터가 매우 수려한 곳이었고, 물이 너무나도 좋아 식사 후 물을 마시면 트림조차 나오지 않을 정도였다.

스님은 '마삼근' 화두를 붙들고 면벽 참선을 하며 하안거를 마쳤지만, 상원사에 한 달 가량 더 머물며 한암스님께 『범망경』을 배웠다.

무상불도(無上佛道)를 성취함에 있어 꼭 필요한 계율에 대해 석가모니 부처님께서 설하신 범망경(梵網經)은, 스님의 마음 깊은 곳에 보살의 길과 출가 생활의 의미가 무엇인지를 확실하게 각인시켜 주었다. 계(戒)를 지키며 바른 생활을 해야 올바른 정(定)에 들수 있고, 정에 들어야 밝은 혜(慧)가 생겨나 일체중생과 함께하는 보살행을 구현할 수 있다는 것을 터득하셨던 것이다.

범망경을 배운 뒤 스님은 다시 선학원으로 돌아와 은사스님을 시봉하였다. 이즈음 은사스님은 몸이 몹시 약하셔서 항상 병을 안고 사셨다. 하지만 워낙 청빈하셔서 당신을 위해서는 돈을 거의 사용하시지 않으셨고, 꼬박꼬박 정재(淨財)를 모으셨다가 좋은 불사에만 쓰셨다.

그러던 중, 은사스님께서는 몇 달을 시름시름 앓으시다가, 1936년 4월 28일에 세수 69세, 법랍 54세로 열반에 드셨다.

은사이신 남전노스님께서는 만공·만해·성월스님 등과 어깨를 나란히 하는 도반으로서, 당대의 선지식이

자 문장가요, 선필(禪筆)로도 일가(一家)를 이루었던 고승이셨다. 그러나 석주스님께는 그 어떤 면모보다도 말씀과 행동으로 불법(佛法)의 정도(正道)를 가르쳐 주신 영원한 스승이셨다.

은사스님께서 입적하자 전국 곳곳에서 남전노스님을 애도하는 발길이 이어졌고, 한암스님께서는 손수 다음과 같은 서찰을 보내 스님을 위로해 주셨다. 또한 당신께서 일일이 토(吐)를 달아 주신 범망경도 함께 보내셨다.

방금 은사 화상님의 상사(喪事)를 듣고 놀라움과 비통함을 금할 수 없었습니다. 기어서라도 조상(弔喪)함이 마땅하나 그렇지 못하니, 실로 평소에 서로 사모했던 도리를 다하지 못하는구려.

그러나 나 또한 오랫 동안 병으로 칩거하고 있어 뜻과 같이 하지를 못하고 있으니 양해하여 주심이 어떠하올지?

경전에 토(吐)를 달아달라고 부탁한 일을 이제 겨우 마쳤기에 보냅니다. 그러나 상권의 글은 뜻이 매우 어려워 글을 구상하여 억지로 토를 달기가 어려웠습니다.

혹시 저 성현의 뜻에 맞지 않으면 깊이 연구하고 또 생각하여, 다시 다른 고명한 선지식에게 묻는 것이 좋을 듯합니다.

이만 줄입니다.

병자년(1936) 5월 5일 도우 한암 배사(拜謝)

1937년, 스님은 금강산 마하연(摩詞衍) 선원에서 하안거에 들어갔다. 마하연은 신라 문무왕 16년(676)에 의상대사께서 창건한 사찰로 우리 나라 4대 선원 가운데 하나였다. 당시 마하연에는 1955년 대한불교조계종의 초대 종정을 지내셨던 석우(石友)선사께서 조실로 계셨는데, 20여 명의 스님들이 함께 정진하며 그분의 선풍(禪風)을 쐬었다. 스님은 90세가 넘어 그때를 회고하셨다.

"65년 전에 본 금강산의 경치는 지금 기억에도 새롭기만 해. 금강산은 경치가 신묘하게 생겼을 뿐아니라, 물이 깨끗하고 계곡에 이끼가 끼지 않아 미끄럽지가 않았어. 특히 마하연의 구룡연 폭포는 크기가 우람하고, 돌산에서 떨어지는 폭포수가 시원하고 장대하였지."

이듬 해인 1938년, 스님은 덕숭산 정혜사의 만공

(滿空)선사 회상에서 동안거에 들어갔다. 만공선사는 자유자재한 방편으로 수좌들의 발심을 돕고 정진력을 불러일으켜 근세 선불교의 거목인 금오·전강·춘성스님 같은 훌륭한 제자를 배출하셨다. 스님은 선학원에도 자주 오셨던 만공선사에 대해 다음과 같은 유명한 일화 하나를 들려주셨다.

1937년 2월 26일, 총독부 회의실에서 31본산(本山) 주지회의가 열렸을 때의 일이다. 당시 만공스님도 마곡사의 주지 자격으로 참석하셨고, 회의는 미나미 총독이 주재하였다.

그런데 회의에서 미나미 총독은 전임 총독이었던 데라우치의 공적을 칭찬하는 말을 늘어놓았다. 그리고 조선불교와 일본불교의 합병을 주창하였다. 그러자 만공스님께서 느닷없이 일어나 호통을 치셨다.

"불교를 억압하는 국법이 엄하였던 옛날에는 시골 승려들이 서울에 들어서지도 못하였고, 만일 몰래 들어왔다가 들키면 볼기를 맞았다. 이제는 총독실에까지 들어오게 되었지만, 나는 도리어 볼기를 맞던 그 시절이 그립다. 우리들이 여기에 오게 된 것은 데라우치가 사찰령을 만들어 승려의 규율을 파괴하였기 때문이다. 그러니 경전의 말씀 그대로, 데라우치는 무간지옥에 떨어졌을 수밖에 없다. 더 이상 미나미 총독은 우리 불교를 간섭하지 말고 우리에게 맡겨라."

순간, 대부분이 대처승이었던 다른 주지스님들은 얼굴이 새파랗게 질려 할말을 잃었고, 헌병들은 우르르 달려들어 만공스님을 체포하려 하였다. 그런데 총독은 만공스님의 사자후에 압도되었는지 의외로 헌병들을 제지시켰고, 만공스님은 의연한 모습으로 회의장을 빠져나오셨다.

만공선사께서 주석하고 계셨던 1938년의 정혜사 선원에서는 효봉(曉峰)스님이 입승을 보고 계셨다. 효봉스님은 아주 엄하였는데, 덕분에 대중 모두가 혹독하게 수행을 하였다. 효봉스님은 시간 엄수에 철저하여, 방선할 때는 말할 것도 없고 입선할 때도 선방에 조금만 늦게 오면 문을 걸어잠그고 들여보내지 않으셨다고 한다.

당시 스님들 사이에서는 이름높은 스님들의 면모를 단적으로 표현한 애칭이 붙어다녔다. 정진제일 효봉스님, 인욕제일 청담스님, 칭찬제일 혜암스님…. 이런 애칭처럼 효봉스님은 후배스님들이 혀를 내두를 만큼 무섭게 정진을 하셨는데, '칼을 턱 밑에 대고 용맹 정진을 하시는 모습이 지금도 눈에 선하다'며 스님은 회고하셨다.

스님은 1939년에 묘향산 보현사에서 하안거를 나셨다. 선학원에서 사월 초파일을 봉행한 후, '꽃구경'을 하며 보현사까지 가셨다. 서울에서 묘향산까지 가는 여정과 봄꽃들의 개화 시기가 딱 맞아떨어졌기 때문이었다. 그야말로 스님이 걸음을 옮길 때마다 봄꽃들도 발을 맞추어 봉오리를 터트렸던 것이다.

보현사는 고려 광종 19년(968년)에 창건된 절로, 묘향산을 대표하는 사찰이요 31본산의 하나였다. 보현사 선원에서 스님은 1985년에 세수 101세, 법랍 86세로 입적하신 '칭찬제일' 혜암스님과 함께 정진을 하였다. 당시 혜암스님은 안변 석왕사의 주지를 맡고 계셨다.

이렇듯 스님은 강원 교육과 참선 수행을 통하여 많은 것을 배우고 느꼈다. 스님께서는 늘 말씀하셨다.

"서산대사의 『선가구감(禪家龜鑑)』에 '경(經)은 부처님의 말씀이요, 선(禪)은 부처님의 마음이다'고 하셨는데, 나는 6년 동안의 강원 교육을 받으며 부처님의 말씀에 젖어들었고, 연이은 안거 기간 동안 선풍을 쐬며 우리 모두에게 구비되어 있는 부처님의 마음을 조금이나마 느껴 볼 수 있었지. 그리고 그 시절 동안 나는 수행자로서 미래에 어떻게 살아야 하고 무엇을 할 것인지에 대한 자세와 원력을 바르게 세울 수 있었어."

제II장

중생교화의 세연

제II장에서는
큰스님께서 불교계에 남기신 큰 족적들을
사항별로 정리하였습니다.
큰스님께서 중심에 두셨던
역경·교육·포교 그리고 불교정화운동,
행정승으로서의 큰스님 등으로 분류하여,
스님의 말씀에다 주위 분들의 증언을
가미하여 엮었습니다.

혼돈 속의 불교정화

혼돈의 세월

묘향산 보현사에서 하안거를 마친 이듬해인 1940년
(32세), 스님은 부산 동래에 있는 금정선원에서 잠시
원장의 소임을 맡게 되었다. 그러나 이듬해 발발한 태
평양전쟁으로 말미암아 스님은 금정선원을 떠나지 않
을 수 없었다. 왜냐하면 전쟁에 혈안이 된 일제가 '보
국대'라 하여, 원활한 전쟁 수행과 물자 보급을 위해
학생 · 승려 할 것 없이 공장으로 탄광으로, 그리고 전
쟁터로 보내기 위해 이 땅의 젊은이들을 마구잡이로 징
병하였기 때문이었다.

그때 스님은 만주로 피신할 계획을 세우고 있었다. 임진왜란 때의 서산대사나 사명대사처럼 조국을 외적으로부터 구한다는 명분도 없을 뿐 아니라, 더군다나 생명 존중과 자비를 주요 덕목으로 삼는 불제자의 몸으로, 살생을 저지르거나 허무하게 총알받이가 될 수는 없었던 것이다.

그러던 중 계사이신 범어사의 이산스님께서 은전을 베풀어 주셨다. 징병 대상에서 면제될 수 있었던 서지전의 노전 소임을 맡겨 화를 피할 수 있도록 배려를 해주신 것이다.

스님은 부지런히 불공을 올리며 서지전의 노전 소임에 충실하였다. 그런데 그 무렵, 범어사 주지 상명스님이 대처승이 될 것을 넌지시 권하셨다. 그때를 스님은 이렇게 회고하셨다.

"당시로서는 일제의 불교 친일화 정책의 일환으로 대처승 제도가 허용되고 있었고, 사찰의 대부분을 대처승들이 차지하고 있었기 때문에 대처를 권하는 것이 크게 이상한 일은 아니었어. 그러나 나는 청정 수행자로서의 길을 걸어갈 것을 다짐하고 있었고, 군이 대처를 해야 한다는 필요성을 못느끼고 있었기 때문에 스님의 청을 정중히 거절하였지."

마침내 1945년 8월 15일, 범어사에서 서지전의 노전 소임을 맡고 있던 중 조국의 해방 소식을 전해 듣게 되었다. 삼천리 강산 전역에서 감격의 만세 소리가 울려퍼졌고, 범어사 경내에도 승려들의 벅찬 만세소리가 메아리쳤다.

스님은 해방의 기쁨을 안고 행장을 꾸려 서울로 향하였다. 그러나 기쁨도 잠시, 우리 나라는 강대국들의 이해관계에 얽혀 38선으로 분단되는 비운을 맞게 되었고, 불교계도 혼란에 휩싸였다.

8·15 해방을 맞이한 뒤 불교계에서는 김법린과 최범술 등의 스님들이 총무원을 접수하고 1945년 9월 22일과 23일에 승려대회를 열었다. 승려대회에서는 일제 때의 '조계종'을 접수하는 공식 절차를 마친 다음 종명을 '조선불교(朝鮮佛敎)'로 개칭하여, 한영스님을 교정(敎正)으로, 김법린스님을 총무원장으로 하는 체제를 출범시켰으며, 만공스님과 도봉스님을 조선불교 중앙교무회의 고문으로 위촉하였다.

이 조선불교 측은 상당히 진보적인 교헌을 갖고 있었다. 대승보살 사상과 원효스님의 사상, 보조스님의 정혜쌍수(定慧雙修)를 포섭하여 보살도와 참선을 함께 실천하는 체제를 갖추었고, 적산사원(敵産寺院 : 일본 승려가 경영하였던 일본인 사찰)의 접수나 사찰령 폐지를 위해서도 노력하였다.

그러나 적산사원들의 접수는 원만하게 이루어지지 않았다. 적산사원들이 개인명의로 되어 있었기 때문이었다. 스님은 적산사원 등 당시 불교계의 재산에 대해 아쉬워하는 말씀을 자주 하셨다.

"당시 적산사원은 서울 시내에 43개, 남북한 통틀어 857개나 되었어. 하지만 미군정 하에서 불교계가 이를 넘겨받을 법적 제도적인 장치가 마련되어 있지 않아 아쉽게도 엄청난 불교재산이 유실되고 말았지. 우리가 넘겨받은 적산사원은 조계사와 용산의 사원 정도에 불과했어.

또 군정의 토지개혁 때 사찰 토지를 유상몰수하면서 많은 양의 지가증권을 나누어 주었는데, 혼란한 사회 분위기와 소수의 사판승들에 의해 탕진된 것도 불교재산 유실의 주된 원인 가운데 하나야. 서울에 있었던 베어링 공장이나 경남의 해동 중·고등학교, 광주의 전남유지, 강원도의 강원여객 등이 그 예이지. 그 재산들이 잘 보존되었다면 오늘날의 불교 발전에 아마 큰 도움이 되었을 것인데….”

한편 제도권 밖에서도 왜색화된 불교를 바로잡자는 데에 뜻을 같이한 진보적 단체들이 출현하였다. 조선불교혁신회·조선불교청년당·혁명불교도동맹·불교여성총동맹·선학원·선우부인회·재남이북승려회 등이 있었다. 이들은 1946년 12월에 함께 모여 조선불교혁신총동맹을 결성하고 불교개혁에 앞장을 섰다.

처음 선학원에서는 스님 혼자 조선불교혁신총동맹에 참여하였으며, 나중에 이사장과 부이사장을 맡고 계셨던 경봉스님과 용담스님도 참여하였다.

1947년 5월, 경봉·용담·대의·석기스님과 스님이 앞장을 선 조선불교혁신총동맹에서는, 한국불교의 전통을 되살리고자 ‘민족불교 발전을 위한 제도 개혁안’을 중앙교무회에 제출하였다. 그러나 중앙교무회에서 이 안건을 받아들이지 않아, 조선불교혁신총동맹은 전국 불교단체 총연합회와 함께 '전국불교도대회'를 열었고, 5월 13일 선학원에 '조선불교총본원'을 세웠다.

뒷날 경봉스님과 스님은 조선불교혁신총동맹에서 중추적인 역할을 하였다는 이유로 좌익으로 몰려, 경봉스님은 양산경찰서에서 고문을 당하셨고, 스님은 종로경찰서에 사흘간 불려다니며 추궁을 당하셨다. 경찰은 스님께 '남로당의 요원이 아니냐'며 자백을 강요하였지만, 스님의 너무나 맑고 당당한 모습을 보고 모든 의심을 풀었다고 한다.

이렇게 스님은 선학원에 머물면서 불교개혁을 위해 직·간접적으로 관여하는 한편, 국문선학간행회(國文禪學刊行會)를 설립하여 대중들이 우리글로 불경을 접할 수 있도록 하였다. 이는 그 당시 스님께서 가장 보람을 느꼈던 일이었다고 하며, 이에 대해서는 뒤에 자세히 밝히고자 한다.

한편 조선불교혁신총동맹과 국문선학간행회의 일을 바쁘게 보고 있을 무렵, 스님은 부산 범어사에서 동산(東山) 스님께서 비구계를 설하신다는 소식을 우연히 접하게 되었다. 스님은 잠시 부산으로 내려가 1949년 7월 15일, 범어사 금강계단에서 동산스님을 계사로 비구 250계를 수지하셨다.

그리고 얼마 후인 1950년 6월 25일, 민족의 비극인 전쟁이 발발하고 말았다. 북한의 인민군이 물밀듯이 밀려와 사흘만에 서울을 장악하자, 서울 시민들은 부랴부랴 남쪽으로 피난을 떠났고, 대중스님들 또한 몸을 피해야만 하였다.

스님은 선학원을 떠나 수락산에 있는 흥국사로 갔다. 그곳에는 난을 피해 탄허스님이 먼저 와 있었으며, 함께 흥국사 뒷산에 있는 토굴에 숨어들었다. 그러나 흥국사 역시 공산군들이 수시로 출입하고 있었으므로 안전하지 않았다.

다시 스님은 도봉산에 있는 원통사 뒷산 석굴로 피신을 하여 전쟁이 끝나기를 기다렸다. 비록 피신을 하는 몸이었으나 스님은 석굴에서 열심히 정진을 하셨다. 그러한 스님을 보며 탄허스님은 종종 말씀하셨다.

"스님은 참 복이 많으신 분입니다."

스님께서 전쟁이라는 극한 상황 속에서도 비교적 번

뇌가 없이 정진하는 모습을 보고 이른 말이었다.

얼마 후 서울 상공에 요란한 비행기 소리가 울려퍼지며 폭탄이 우르르 쏟아졌다. 유엔군의 반격이 있었던 것이다. 그리고 9월 28일, 마침내 서울이 수복되고 유엔군은 38선을 넘어 북으로 진격해 들어갔다.

스님은 원통사 석굴에서 나와 추석 직후에 부산 금정선원으로 내려갔다. 그리고 1951년에 김해 은하사 주지를 맡아 머물게 되었는데, 하루는 절에 난입한 인민군들에게 하마터면 큰 화를 당할 뻔하기도 하셨다.

전쟁은 우리 민족에게 엄청난 인적·심적·물적 피해를 안겨주었고, 또 남과 북 서로에게 깊은 상처와 불신만을 남긴 채 1953년 7월 27일 휴전에 들어갔다.

3년 동안의 전쟁. 이 전쟁 속에서 스님의 마음에 가장 큰 아픔으로 자리를 잡았던 것에 대해 이렇게 말씀하셨다.

"안타깝게도 우리의 자랑스런 불교유산이자 민족 문화유산이 많이도 파괴되었지. 월정사·마하연·봉선사·홍룡사를 비롯한 수많은 명찰들이 잿더미로 변해버렸어. 그것도 아군의 손에 의해…."

불교정화운동

스님께서는 말씀하셨다.

"1953년에 시작된 불교정화운동의 시초는 1922년 3월에 성월 · 남전 · 학명스님 등 79인의 선객(禪客)이 중심이 되어 선학원에다 설립한 선우공제회(禪友共濟會)와 1937년 8월에 선학원에서 10여 일 동안 개최했던 유교법회(遺敎法會)로 보아야 할거야.

선우공제회는 일제의 침략불교에 대응하여 승려들이 일의일발(一衣一鉢)의 정신에 입각하여, 각성하고 분발하고 목숨을 다해 도를 닦아, 대도를 천명하고 중생을 고해에서 건져내자는 것을 결의한 모임이었지.

그리고 유교법회는 박한영스님께서 부처님의 『유교경(遺敎經)』을 강설하고 만공스님과 동산스님께서 번갈아 설법을 하신 법회였어. 이 법회에는 당대의 고승 수십 분이 참여하였고, 법문을 들은 신도들은 신심이 샘솟아 스님들께 비단장삼을 공양하고자 하였지. 그때 최범술스님이 '기왕이면 이 기회에 보조장삼(普照長衫)을 지어 입는 것이 좋겠다.'고 제안하여 도포와 비

숫하게 생긴 두루마기식 장삼에서 지금 조계종 스님들이 입고 있는 장삼으로 바꾸어 지어 입게 되었지.

이 유교법회는 선풍진작과 전통계율의 수호를 위해 개최하였고, 법회 후 비구승들만이 모여 범행단(梵行團)을 결성하였어. 이 범행단에 소속된 스님들이 주축이 되어 6·25 후의 불교정화운동이 본격화 된 것이야."

결국 불교정화운동의 태동지는 스님께서 출가 후에 가장 오래 몸을 담고 있었던 선학원이었고, 스님은 자연스레 불교정화운동의 핵 속에 머물게 되었던 것이다.

스님은 불교정화운동에 대해 될 수 있으면 말씀을 아끼셨다. 당신의 뜻과 같이 정화가 이루어지지 않았기 때문이다. 하지만 스님께서 원장으로 계셨던 선학원은 비구의 중심사찰이었고, 스님의 각별한 후원이 없었다면 정화불사 또한 제대로 이루어지지 않을 상황이었다.

해방 후의 불교정화운동에 첫 불씨를 당긴 것은 1952년 통도사에서 열린 불교종단간담회였다.

당시 한국 불교계의 상황을 보면 7천여 명의 승려 가운데 비구승은 3백여 명에 불과하였고, 대처승들이

1천3백여 개 사찰의 주지로 있어 비구승들이 마음껏 공부할 만한 절이 제대로 없었다. 이에 당시 종정으로 있던 만암스님께서는 '비구승들이 공부할 수 있는 절을 몇 곳만 내어주라'고 대처승 측에 촉구하셨다.

그러나 상황은 여의치 않았다. 그 얼마 뒤 불국사에서 열린 간담회에서도 수좌 전용사찰을 제공하라는 제의가 있었으나 실행으로 옮겨질 조짐이 보이지 않았다. 대처승들이 선뜻 자신들의 절을 내주려고 하지 않았기 때문이었다.

그러던 중 뜻하지 않은 사건으로 말미암아 불교정화운동이 촉발되는 계기를 맞았다. 1953년 5월, 현재의 조계사인 태고사에서 열린 주지회의에서 선학원의 대월·법홍·정영스님이 비구승들이 공부할 도량 몇 곳을 할애해 줄 것을 또 주장하다가 회의장에서 쫓겨나는 사건이 벌어지고 말았던 것이다.

사태가 이에 이르자 스님을 비롯하여 효봉·동산·금오·청담·자운스님 등이 선학원에서 몇 차례에 걸쳐 '전국비구승대표자대회'를 거행하며 승단의 정화를 촉구하는 결의를 하였다.

마침내 1954년 5월 21일, 이승만 대통령이 정화에 관한 제1차 유시를 하자 불교정화운동은 불이 붙었다. 이승만 대통령은 국정시찰을 하던 도중 충청도에 있는 모 사찰을 우연히 방문하게 되었는데, 그곳에서 양복 위에 장삼을 걸쳐 입은 대처승의 모습에 충격을 느껴, '대처승은 사찰에서 물러가라' 는 요지의 유시를 내린 것이다.

이에 1954년 5월 30일, 스님과 이종익·이불화·대의·문정영스님은 교단 개혁안을 발표하고 불교정화 운동을 발기하였다. 곧이어 불교정화운동 발기인대회 가 개최되었고, 위원장에 금오스님, 부위원장에 적음스 님이 선출되었다. 그리고 효봉·동산·경봉·청담·경 산스님 등이 주도적인 역할을 담당한 정화운동이 추진 되었다. 그러나 정화운동의 방법에 대해서는 의견이 분 분하였는데, 스님은 이렇게 말씀하셨다.

"그 당시에 정화운동을 둘러싸고 몇 가지 입장들이 불거져 나왔어. 동산스님·청담스님을 위시한 대부분 의 스님들은 대처승을 완전히 배제하자는 강경론적 입 장이었고, 효봉스님과 나는 자질을 갖춘 승려를 길러내는 교육기관을 갖추고 대처승도 포용하자는 온건론적 입장을 취하였지. 성철스님 같은 경우는 정화의 필요성을 주창하면서도 이승만 대통령의 유시 등 외부의 힘을 등에 업은 불교정화는 원만한 결실을 거둘 수 없다며 불참하였어. 결국 회의에서는 목소리가 큰 강경론이 받아들여지게 되어, 불가피하게 적지 않은 상처를 수반해야 했던 정화운동은 시작이 된거야."

아니나 다를까, 성급히 진행된 정화운동은 많은 부작용을 낳았고, 종단이 조계종과 태고종으로 양분될 기미를 보였다. 이 무렵 이승만 대통령은 제2차 사찰정화 유시를 발표하여 '일본식 불교를 청산할 것'을 강조하였고, 제3차 유시에서는 '불교정화위원회의 구성'을 촉구하였다. 그리고 1954년 12월 18일의 제4차 유시에서 '대처승은 절에서 물러날 것'을 다시 한 번 요구하였다.

대통령의 제5 · 6 · 7차 유시가 연이어 발표되며 정화운동은 비구승 측에 유리하게 전개되었지만, 1960년 4월 26일에 있었던 이승만 대통령의 하야는 사태를 걷잡을 수 없는 혼미 상황으로 몰고 갔다. 대처승 측에서 이승만 대통령의 하야를 기다렸다는 듯이, 화엄사·선암사·통도사 등 10여 개의 사찰을 점거해 버린 것이다.

그리고 그해 11월 24일, 대법원의 '비구승 승소를 파기하고 서울 고등법원으로 되돌려 보낸다'는 판결은 상황을 완전히 뒤죽박죽으로 만들어 버렸다. 출세간법인 불교가 일제의 사찰령 이후 세간법에 좌지우지되는 어처구니 없고 불행한 일이 계속 벌어진 것이다.

이때 스님은 불교정화사태 수습을 위한 비상대책위원회 위원직을 맡아 종단의 화합과 청정수행가풍을 위해 헌신하였다. 하지만 스님의 뜻과 같이 정화는 이루어지지가 않았다.

정화운동은 긍정적인 면이 있기는 하였으나, 치유할 수 없는 상처를 남긴 채 불교계가 조계종과 태고종으로 양분된 것이다. 스님께서는 말씀하셨다.

"그나마 다행인 것은 5·16 군사쿠데타 이후 비구·대처 회동이 이루어지면서 통합종단이 만들어진 사실이야."

불교발전을 위한 행원(行願)

역경(譯經) 불사

스님께서 평생토록 하신 불사 중 가장 보람을 느끼신 일은 불경을 한글화하는 역경사업이었다.

1949년 운허(耘虛) 스님과 의기가 투합한 스님은 국문선학간행회(國文禪學刊行會)를 만들어 여러 선서(禪書)를 번역하는 일을 함으로써, 비로소 강원시절에 세운 역경(譯經)에 대한 원력을 실행에 옮기기 시작하였다.

1892년 평북 정주 출생으로 한학에 통달한 운허스님은 국문선학간행회의 원장을 맡으셨고, 스님은 부원장을 맡아 책을 출판하였다. 당시 시중에서 대중들이 구하여 볼 수 있는 한글 불교서적으로는 기껏해야『송주』·『관세음보살보문품』·『극락가는 길』등의 책 정도였다.

국문선학간행회에서 최초로 번역하여 세상에 내어놓은 책은 용담스님의 『선가구감』이었다. 이『선가구감』에 대해 스님께서는 자주 언급하셨다.

"용담스님은 만해스님의 제자야. 교학에 아주 밝았지. 용담스님께서는 선가구감을 번역할 당시에 어린학생들에게까지 이해할 수 있는지를 일일이 물어보고 정성을 다해 번역하셨지. 그래서인지 50년이 지난 오늘날에도 용담스님의 선가구감 번역본을 따라올 책이 없는 것 같아. 그런데 이 선가구감을 서대문 형무소에 있던 인쇄기로 찍는 바람에 교정을 제대로 보지 못했어. 그래서 흡족하게 출간되지 못하였지. 이 점이 지금도 아쉬워.

용담스님은 김구 선생이 사회단체 연석회의에 참석하러 북쪽으로 갔을 때 동행을 하였다가 돌아오지 않으셨지. 나중에 교계의 어느 스님이 용담스님의 원고로 선가구감을 재출간하면서 자신이 편역한 것처럼 만든 일도 있었지. 얼마 전 나는 한 출판사에 내가 가지고 있는 판권을 넘겨, 용담스님의 이름으로 새롭게 출간하였어."

그 뒤 스님은 불교정화운동의 와중에서도 꾸준히 불경번역사업을 독려하고 재정적 지원을 아끼지 않아, 1960년까지 우리말로 된 『범망경』·『한글금강경』· 『정토삼부경』·『사미율의요략』·『사분비구니계본』· 『보현행원품』·『유마힐경』을 차례로 간행하였다. 운허스님은 번역을, 스님은 재정과 출판을 맡은 것이다.

그리고 스님께서는 바른 한글화 작업을 위해, 한글표기법과 문법 등에 대해 많은 노력을 기울이셨다. 곧 조선어학회의 이희승·이숭녕 씨 등과 교류를 가지면서 전문가 수준의 한글강습도 받았고, 한글사전을 모두 사 모아 낱말을 익혔으며, 다른 사람들에게 한글을 강습해 주기도 하셨던 것이다.

마침내 불교정화운동이 일단락 된 1961년, 스님은 운허스님과 함께 현재의 동국역경원 전신인 법보원(法寶院)을 설립하여 본격적인 역경사업에 뛰어들었다. 국

문선학간행회에서 발행한 책에 이어, 운허스님 번역의
『부모은중경』·『승만경』·『금광명경』·『무량수경』·
『수능엄경』·『화엄경(40권본)』·『열반경』·『묘법연화
경』과 탄허스님 번역의 『보조법어』·『육조단경』, 한길
로 번역의 『육조단경』, 김달진 번역의 『한산시』, 이종
익 번역의 『현우경』, 박한영스님의 문집인 『석전문초
(石顚文抄)』등 불자들이 꼭 읽어야 할 중요한 경전들을
발행하여 스님과 재가불자들에게 대부분 무상으로 법
보시 하였다.

특히 법보원에서 낸 책 중에 오늘날까지 빛나는 업
적은 우리나라 최초의 불교사전인 운허스님 편 『불교
사전』이다. 당시에 이 일에 관여했던 이들은 '석주스님
이 없었다면 최초의 불교사전이 나올 수 없었을 것' 이
라며 입을 모았었다.

실로 스님은 운허스님과 함께 이 나라 역경사업의
대표적인 인물로 손꼽히는 분이셨다. 그러나 정작 역경
이야기만 나오면 스님께서는 아주 환한 모습으로 말씀
하셨다.

"역경하면 운허스님이야. 운허스님께서는 몸을 바꿔

다시 태어나도 역경을 하겠다는 원력을 세운 분이시거든. 나는 스님 곁에서 여러 경전들을 펴내고 보급하는 데 작은 힘을 보탰을 뿐이야."

1964년 7월 21일, 드디어 동국대학교 부설로 동국역경원(東國譯經院)이 개원되었고, 운허스님께서 원장의 책무를 맡으셨다. 이때 스님께서는, '한 종단에 두 개의 역경기관을 두는 것은 비효율적이요 불필요한 일'이라 판단하시고, 법보원의 모든 판권을 역경원에 흔쾌히 넘겨주셨다.

또한 스님께서는 동국역경원의 부원장 소임을 20년 가까이 맡았는데, 하루도 무단결근을 하지 않으셨다. 어떤 이들은 스님의 그와 같은 면모를 보며 반농담조로 이야기 하였다.

"큰스님이 속인들처럼 매일 출근을 하고 결재를 하셔? 그냥 탕! 한번 치고 마시지."

그러나 스님께서는 역경에 대한 원력과 강한 책임의식으로 늘 한결같이 임하셨던 것이다. 1980년에 운허스님이 열반에 드신 뒤에도 스님은 끊임없이 역경사업을 독려하셨고, 81세였던 1989년에는 동국역경사업진

홍회 이사장을, 1995년부터는 동국역경원 한글팔만대장경 역경사업 후원회 회장을 맡아 역경사업의 원만한 회향에 온 정성을 쏟았다.

그리하여 마침내, 우리의 자랑스러운 한글 팔만대장경이 37년만에, 국문선학간행회가 발족된 1949년부터 친다면 52년에 걸친 각고의 노력 끝에 2001년 9월 318권으로 완간되었다.

"참으로 한국불교사에 있어 뜻 깊고 감격스러운 사건이야."

이렇게 말씀하시며 스님께서는 너무나 기뻐하셨다. 그리고 팔만대장경의 한글번역사업이 끝난 다음에도 스님께서는 그 열정을 놓지 않고, 보급과 후속 사업에 대해 찾아오는 사람들에게 일러주셨다.

"이제부터 해야 할 일은 한글대장경의 전산화 작업을 통해 누구나 쉽게 부처님의 가르침을 찾아보고 접할 수 있게 하는 일이야. 그리고 우리의 소중한 법보인 한글대장경을 전국 사찰은 물론, 각 가정과 사무실에까지 보급해야 한다. 그러기 위해서는 각 사찰에서부터 '대장경모시기 불사'를 실행해야만 해."

역경이 포교의 첫 작업이라고 확신하셨던 스님!

둥글고 가득 찬 지혜의 해
캄캄한 번뇌 없애 버리고
온갖 것 두루두루 비추며
모든 중생들 안락케 하는
여래의 한량없는 그 모습
어쩌다 이 세상 오시나니

이것은 서울 칠보사 '큰법당'의 주련에 스님께서 직접 한글로 써넣은 글귀이다. 스님께서 얼마나 불경의 한글화에 원력이 깊으셨으면, 이 나라 최초로 칠보사의 대웅전 현판과 주련부터 한글화시켰을 것인가. 가히 스님의 크신 뜻을 짐작하고도 남을 것이다.

포　교

스님의 포교원력은 대한민국 방방곡곡은 물론이요, 미국·홍콩·일본 등 해외에까지 미쳤지만, 특별히 남달랐던 점은 당시의 교계에서 크게 관심을 갖지 않았던 어린이와 청소년 포교의 선봉에 서셨다는 점이다.

불교정화가 한창이던 50년대 늦겨울 어느 날, 스님은 설악산 백담사의 나한 조성 불사 점안식을 위해 통도사의 경봉스님과 함께 참여하게 되었다. 그리고 불사를 원만히 마치고 경봉스님과 낙산사의 홍련암에 묵었다.

그때 불교정화운동으로 몹시 지쳐 있었던 스님은 경봉스님께 서울을 떠나 조용히 수행만 하고 싶다는 뜻을 내비쳤다. 그러나 경봉스님은 단호히 만류하셨다.

"종단 안팎으로 매우 어려운 시점인데, 석주스님이 은거하면 큰 문제가 생길 것이요. 그리고 도심 속에서 부처님의 가르침을 펴는 것도 좋은 수행이니 서울에 있도록 하시오. 아무나 서울에서 수행할 수 있는 것이 아니니…."

결국 스님은 선학원으로 돌아오셨다. 그런데 동해의 차가운 바닷바람을 맞아서였는지 심한 감기에 걸렸고, 다른 스님에게 폐가 되지 않을까 하는 마음에 안절부절 못하고 있었다.

그러던 차에 칠보화 보살이 삼청동 북악산 자락에 칠보사라는 절을 마련하여, 스님께 그곳에서 요양할 것을 권하셨다. 칠보화 보살은 아주 불심이 깊은 분으로, 남편은 종로에서 함흥약국이라는 큰 약국을 운영하고 있었다. 스님은 칠보화 보살의 권유를 받아들여 칠보사에 머물며 요양을 하셨다.

1958년에 스님은 경주 불국사의 주지 소임을 맡게 되었다. 그때 법회 등의 행사 때마다 경주 시내에 있는 포교당을 자주 찾곤 하였는데, 그곳에서 많은 어린이들을 만나는 기회를 갖게 되었다. 스님은 순수한 어린이들의 모습을 접하며 어린이와 청소년포교의 필요성을 느끼고 원력을 세우셨다.

"어린이와 청소년은 가정의 꽃이요, 사회의 잎이다. 꽃과 잎이 시원치 않은 나무는 제 역할을 할 수가 없다. 그런데도 불교계에서는 '아이들이 절에 오면 염불하고 참선하는데 방해가 된다며 밖으로 내쫓고 환영하지를 않는다. 참선도 중요하고 염불도 중요하다. 하지만 저 천진불(天眞佛)들을 멀리한다면 이 땅의 불교가 어떻게 되겠는가? 한국불교의 장래는 어린이와 청소년을 불자화 하는데 있다."

이와 같은 스님의 원력은 불교정화운동이 일단락된 1965년부터 본격화되었다. 그 무렵 칠보화 보살은 스님께 칠보사를 맡아줄 것을 간곡히 청하였고, 스님은 그 청을 받아들였다. 이 칠보사가 도심 속의 도인 석주 큰스님께서 반평생을 주석하시며 중생들을 교화하는 '포교 1번지'가 된 것이다.

스님께서는 1965년 3월 26일, 칠보사에 '칠보어린이회'를 창립하셨다. 어린이법회를 통해 어린이들에게 바르고 수승한 부처님의 법을 심어주고자 하신 것이다. 그리고 같은 해 5월 1일에 '불교칠보어린이 합창단'을 창단하여 새로운 불심을 꽃피웠다.

이와같은 스님의 적극적인 노력은 불교계 전체에 새 바람을 불러 일으켰고, 그 해에 '소년교화연합회'라는 조직을 탄생시켰다. 대의 · 운문스님, 안병호 거사와 함께 조직한 이 회를 통하여 스님은 사찰 단위의 어린이 · 청소년 불교학생회 설립을 독려하셨고, 불교음악의 보급에도 힘을 기울이셨다.

나아가 서울 시내 어린이 불교단체 합동법회, 글짓

기 대회, 어린이 예술제, 불교음악발표회, 「청소년교화보」 창간 배포 등을 통하여 어린이와 청소년 포교를 확산시켜 나갔다. 그 결과 불교어린이회 · 청소년회 · 학생회는 전국적으로 확산되었고, '소년교화연합'는 자연스럽게 '대한불교청소년교화연합회'로 승격되었다.

1970년 8월, 청소년교화연합회의 총재가 되신 스님은 사찰 단위의 학생회 조직을 확대 개편하여 각 중 · 고등학교에 많은 불교학생회를 설립할 수 있도록 하셨다. 이때 스님께서는 자비로 창립법회에 필요한 경비를 지원하셨으며, 불교학생회 지도자 강습회도 열었고, '가릉빈가합창단' 설립 및 공연, 청소년 윤리강령 선포대회, 전국불교학생회간부대회, 찬불가 경연대회 등의 다양한 행사를 열어 청소년 포교에 큰바람을 일으키셨다.

그리고 1982년에 접어들어 또 한 가지 뜻을 세우셨다.

'어린이들에게 부처님의 법을 쉽고도 재미있게 전하기 위해서는 불교 동화가 필요하다'

이렇게 뜻을 세우고 있을 때 뜻있는 불자 아동문학

인들이 찾아와 회를 조직하는 문제를 스님께 상의하였다. 그들은 불교아동문학상을 제정하여 매년 시상할 것과 매년 어린이 글짓기 잔치를 열어 입상작을 출판하고 보급하고자 하였다. 스님께서는 흔쾌히 동의하시고, 3차에 걸쳐 2천만 원을 희사하여 '한국불교아동문학상'의 기금을 마련해 주셨다.

이 회는 지금까지 매년 문학상을 수상하고 있으며, 「부처님 나라」등 많은 어린이 작품모음집을 출간하였다. 그리고 회원들이 불교설화의 연구와 개작에 힘쓰며 창작활동에 임하고 있는데, 회원들은 이 모두가 '큰스님의 어린이 사랑에 힘입어 이루어진 결과'라며 늘 감사한 마음을 잊지 않고 있다.

이와같은 실천과 함께 스님께서는 늘 주위 사람들에게 어린이와 청소년의 포교를 역설하셨다.

"우리 주변에는 아직도 숨어있는 불연(佛緣)들이 너무나 많이 있는데, 그것을 모르고 지나치니 안타까운 일이야. 지금도 늦지 않았으니 늙지 않는 불교, 항상 밝고 맑은 불교가 되기 위해서는 어린이와 청소년을 교화해야 해."

이 말씀을 하실 때의 스님 눈빛은 간절하기까지 하셨다.

이제 어린이·청소년에 대한 스님의 크나큰 자비심…. 이를 느끼게 하는 운문스님의 회고담을 잠깐 옮겨보고자 한다.

1962년 설날, 나는 연화어린이회 아이들을 데리고 안국동 선학원에 계신 큰스님께 세배를 드리러 갔었다. 아이들이 수십 명 모이다 보니 자연 떠들썩하였고, 나는 큰스님과 선학원 대중스님들께 미안한 감이 들어 주의를 주었다.

"조용! 조용!"

하지만 나의 생각과 달랐던 큰스님께서는 말씀하셨다.

"아이들은 떠드는 것이 본능이예요. 그냥 두시오."

그 일이 있은 몇 년 뒤 거처를 칠보사로 옮긴 큰스님을 뵈러 가면, 학생들과 어린이들이 칠보사 법당 앞이나 큰스님 방을 제 집 드나들 듯이 하였고, 마음껏 놀기도 하였다. 특히 칠보사 대웅전 정자나무 아래에서 아이들과 공기놀이를 하는 큰스님의 모습! 세수와 법랍이 다 어디로 갔는지 방금 태어난 어린 동자로 보였다.

나도 스님과 같이 어린이를 위한 포교를 하고, 어린이를 위한 찬불가를 만들고 어린이와 함께 세월을 보냈다. 하지만, 세수와 법랍을 떠나 동자의 모습으로 어린이와 동화될 수 있는 큰스님의 모습은 나를 그 자리에 얼어붙게 하였었다. 이것이 큰스님의 어린이와 청소년에 대한 대자비심이 아니고 무엇이랴."

1995년 발간된 책의 제목 그대로 『어린이를 닮은 큰스님』! 스님께서 아이들을 얼마나 사랑하셨는지를 느끼게 하는 몇 가지 이야기는 제Ⅲ장 '일화편'으로 돌린다.

1984년, 스님은 청소년 교화연합회 총재직을 도반인 관응스님에게 넘겨주셨지만, 그 이후에도 어린이와 청소년 포교에 대한 열정을 놓지 않으셨다. 오히려 그 열정은 포교당·군법당·교도소 등의 열악한 곳까지 확대되어 갔다.

추운 날씨건 더운 날씨건, 법회든 수계식이든, 포교를 위한 일이라면 마다하지 않으셨다. 그리고 포교당을 짓는다는 소식이 들리면 매우 적극적으로 화주를 해주셨고 보시금을 주셨다. 한두 가지만 예를 들자.

광덕스님이 서울 잠실에 불광사를 지을 때의 일이다. 광덕스님은 다른 스님이나 특정한 사찰에 알리지 않고 신도들과 더불어 절을 짓고 있었다. 그때 석주스님께서 그 소식을 전해 들으시고 전화를 주셨다.

"아니, 절을 지으면 이야기를 해야지. 왜 혼자 하시오. 권선책을 나에게도 보내주시오."

권선책이 오자 스님께서는 직접 책을 들고 사람들에게 직접 화주를 하셨다. 이 일에 대해 광덕스님은 뒷날 제자들에게 말씀하셨다.

"사실 우리 불광사를 지을 때 스님으로써 권선을 해주신 분은 오로지 석주노스님 뿐이었지. 상당한 금액을 권선해 주셔서 큰 힘이 되었어. 그 분의 고마운 은혜를 생각해서라도 포교에 소홀한 일이 있어서는 절대로 안된다."

1980년대 중반, 전세 살림을 하고 있던 한국불교연구원이 개포동으로 자리를 옮겨 법당을 마련하고 불상을 모시려 할 때였다. 그때 모연문을 불교신문 등에 실었는데, 그것을 보시고 부원장으로 있던 정병조 교수에게 전화를 하셨다.

"내일쯤 한 번 들리게."

무슨 일인지 알 수 없었던 정교수는 이튿날 두근거리는 가슴을 안고 스님의 처소를 찾았고, 스님은 말없이 돈 5백만 원을 손에 쥐어 주셨다. 당시로서는 5백만 원이 결코 작은 돈이 아니었기에, 정교수는 멍하니 말을 잊고 있었다. 그때 스님께서 말씀하셨다.

"중이 부처님 모시는 일에 빠질 수가 있나. 정교수, 공부 열심히 하게."

이렇게 스님께서는 불사가 있는 곳이면 적극적으로 보시를 하셨다. 그것도 아무도 모르게…. 받는 이는 나 혼자 은혜를 입었다고 생각할지 모르나, 스님은 많고 많은 불사의 현장에 보시를 하며 좋은 결실을 맺도록 하셨던 것이다.

붓글씨 불사

스님의 포교활동에서 빠뜨릴 수 없는 것은 '붓글씨

불사'이다. 어린시절 스님은 어려운 집안 형편에도 불구하고 일찍이 붓을 잡아 서예의 기초를 익혔고, 이후 당대의 명필로 이름 난 남전스님을 시봉하며 배움의 길을 넓혀 평생을 붓과 함께 사셨다.

난하지 않은 단정한 필치와 절제된 미학을 갖춘 스님의 글씨에 대해, 전문 서예인들은 도필(道筆)이라 하면서 매우 높이 평하고 있다. 또 어떤 이들은 행서와 초서를 즐겨 쓰는 스님의 필체가 '왕희지체를 닮았다'고 평한다. 하지만 이와같은 찬탄과는 달리 스님께서는 말씀하셨다.

"사람들은 내 글씨를 좋다고 하지만, 사실 선필(禪筆)이셨던 은사 남전스님께서 보시면 웃으실 일이야. 한글은 그런대로 괜찮은 듯 싶은데, 한문 글씨는 도저히 은사스님의 경지를 따라갈 수 없거든? 나는 누구로부터 특별히 서예를 배운 바가 없기 때문에 글씨에 어떤 기교가 없어. 단지 정직하고 맑은 마음으로 쓸 따름이야."

스님의 글씨는 수많은 불자들의 가정과 산사의 벽에, 관공서와 여러 직장의 사무실에, 나아가 전후방의

군대 막사 안에도 걸려있다. 국내만이 아니다. 일본·
미국·대만 등의 한국 사찰과 교포의 가정, 심지어는
태국 방콕의 조그마한 가게에서도 스님의 글씨를 발견
할 수 있다. 그 모든 곳에서 스님의 글씨는 사람들을
맑히는 에너지를 뿜어내고 있는 것이다.

실로 스님께서 쓰신 붓글씨는 수만 장, 아니 수십만
장은 될 것이다. 사람들이 찾아와 명분 있는 이유를 대
면서 붓글씨를 청하면 스님은 거절하신 적이 없었다.
그리고 스님의 글씨를 받아다가 전시회 등을 개최하여
불사금으로 사용한 경우는 참으로 많았다.

군법당 건립기금, 각종 복지사업과 장학사업, 크고
작은 사찰의 중창불사, 고아원과 양로원 지원금, 승가
대학 설립기금, 불교TV 운영기금, 심지어는 해외포교
기금마련 및 불사금 충당을 위해 스님은 몸이 고달픈
것도 잊고 열반하시던 그 전날까지 글씨를 쓰셨다. 예
를 하나 들어보자.

동국대학교 교수인 법산스님이 스님께서 93세 되던
해 설날에 세배를 드리러 갔다. 법산스님이 방문을 두

드리고 살짝 들어섰을 때, 노스님은 전등도 켜지 않은 채 열심히 붓글시를 쓰고 계셨다.

"스님, 어두컴컴한데 불이라도 밝히시지요."

"괜찮아요."

"오늘이 정월 초하루인데 왜 이렇게 글을 쓰십니까?"

"아, 누가 절을 짓는다고 글씨를 3백장 써달라는데 아직 반도 못썼어."

이 예에서 느낄 수 있듯이 스님께서는 불사를 위해 글씨를 부탁하면 무조건 허락하셨고, 그 약속은 꼭 지키셨다. 이에 대해 스님께서는 말씀하셨다.

"돈으로 도움을 주지 못하니 글씨로라도 도움을 주어야지. 내 글씨 쓰는 솜씨가 늘게 된 계기는 포교사들에게 많은 글씨를 써주면서부터야. 포교사들이 내 글씨가 '기금마련이나 운영비 마련 등 이런저런 일에 도움이 된다'고 하면서 요청을 할 때마다 50장 · 백 장 · 2백 장씩 써주곤 하였지. 지금도 글씨를 써주는 일을 계속하고 있는데 할 때마다 보람을 느껴."

또 보살이나 일반인들이 찾아와 보채면 몇 줄의 글

씨를 써주시곤 하셨다. 그리고 쓰신 글의 깊은 뜻을 자세히 설명하면서 함께 즐거워 하셨으니, 그것이 바로 포교가 아닐런지….

이렇게 스님께서는 붓글씨를 통하여 포교를 하고 각종 불사를 도우셨던 것이다.

중앙승가대학 학장

스님께서 교육에 직접 동참하신 것은 1962년 학교 법인 동국대학교의 이사로 취임하면서부터였다. 그때 스님은 인재양성을 위해 종비생 제도를 만들었고, 지금의 선학과인 승과학과를 신설하여 승려들이 대학교육을 받을 수 있는 길을 마련해 주셨다. 나아가 칠보장학회를 만들었고, 기금을 조성하여 매년 50여명에게 장학금을 지급하였다.

또 1977년 조계종 초대 포교원장이 되었을 때에는 승려들의 자질향상을 위해 중앙교육원을 신설하셨고, 포교사 연수교육을 실시하여 포교사들을 양성하셨다.

그러나 무엇보다도 스님께서 교육에 헌신하신 시기는 중앙승가대학 초대 학장과 2대 학장을 맡았던 8년 동안이라 할 수 있다.

중앙승가대학의 전신은 1979년 몇몇 학인들이 모여 서울 돈암동 보현사의 빈 창고에 설립한 중앙승가학원이다. 스님을 비롯한 몇 분 어른들이 강원에서는 수학할 수 없었던 불교학을 더 깊이있게 공부할 수 있도록 하기위해 마련한 교육마당이었다.

이 중앙승가학원은 1980년 중앙승가대학으로 이름을 바꾸었고, 학인들은 석주큰스님을 찾아가 '학장을 맡아 후학들이 공부할 수 있는 길을 열어주시기를' 청하였다. 스님은 쾌히 수락하셨다.

그러나 문제는 산적되어 있었다. 공부할 강의실도 부족하였고, 운영비도 턱없이 모자랐다. 하지만 스님은 단호하셨다.

"교육은 이념을 실천에 옮기게 하는 최고의 수단이다."

이렇게 주창하며 스님은 학생들의 뜻을 결집하셨고, 학생들과 함께 강의를 듣고 학생들과 함께 화주를 하러 다니셨다. 이에 출강하는 많은 교수들도 무료 강의를 해주었다.

그러나 종단 내의 거의 대부분 인사들은 무관심과 우려 섞인 시선으로 대하였고, 불교계의 상황 또한 불안정의 연속이었다. 그러던 중, 불교계의 수많은 승려들과 사찰이 군화발에 짓밟히는 치욕의 10·27 법란을 당하였고, 승가대학의 운영은 더욱 힘들어졌다. 그때 스님께서는 학인들을 독려하셨다.

"여기서 포기하면 종단의 유일한 희망이 그나마 없어진다. 다함께 마음을 모아 정진하자."

그리고 종단의 원로와 중진스님들을 찾아다니며 '이 시대에 승가대학의 설립이 왜 꼭 필요한가'를 역설하셨고, 스님의 간곡한 청원이 종단에서 받아들여져 영화사를 기숙사로 얻게 되었고 안암동 개운사의 3층 건물을 학사(學舍)로 인수받게 되었다. 중앙승가대학이 기사회생을 한 것이다.

그리고 1982년 2월 20일, 서울 성북동 성라암에 있던 한국비구니대학을 합병함으로써 비로소 학교의 규모가 갖추어지게 되었다. 하지만 학교 운영비는 더욱 궁핍해졌다. 이에 스님을 비롯한 교직원·동문·재학생들이 모두 화주와 모금을 위해 나섰고, 몇 차례의 서화전도 열었다. 그때마다 스님은 밤낮없이 붓글씨를 쓰셨다.

"내 힘으로 할 수 있는 일이 이것인데, 내 한 몸 고단함을 어찌 탓하겠느냐?"

또 스님은 개운학사(開運學舍) 건립을 위해 전국의 인연있는 사찰들을 직접 찾아가 화주책에 시주금을 적어오셨다. 화주책 서너 권에 엄청난 금액의 화주를 해오셨던 것이다. 그 힘이 밑거름이 되어 1985년 11월에 지하 1층 지상 3층의 480평 건물이 완성될 수 있었다.

그러나 종단의 지원이 없어 운영비는 늘 궁핍하였다. 이에 종단의 각성을 촉구하기 위해 스님과 교직원·동문·재학생들은 조계사 법당으로 가서 단식기도를 하였으며, 5일째 되는 날 오녹원 총무원장은 운영비 지원을 약속하였다. 그때 학인들은 스님을 얼싸안고 감격의 눈물을 흘렸으며, 스님은 간곡히 당부하셨다.

"오늘 비로소 우리 학교가 종단의 학교가 되었다. 이제부터 여러분은 더욱 열심히 공부해서 빚을 갚아야 한다. 부처님께 진 빚도 갚아야하고 종단에 진 빚도 갚아야 해. 만약 살아서 다 갚지 못한다면 죽어서라도 갚아야 해."

그리고 몇 년 후인 1988년 4월, 중앙승가대학의 기반이 잡히자 스님은 행정능력이 뛰어난 혜성스님에게 제3대 학장의 자리를 넘기고 원래의 위치로 돌아오셨다. 그러나 모든 이들에 의해 명예학장으로 추대되셨고, 그뒤에도 음으로 양으로 오늘의 중앙승가대학교를 만드는데 힘을 아끼지 않으셨다.

중앙승가대학의 학예지인 「승가(僧伽)」창간호에서 스님은 다음과 같은 법어를 하셨다.

"승려란 학문만으로 되는 것이 아니며, 외형적인 태도만으로 되는 것은 더구나 아니다. 한마디로 부처님의 인격에 닮아지고 부처님의 덕행이 몸과 마음속에 배어서, 오늘의 한국불교계 중흥의 산실이 되어야 함을 잊지 말아야 할 것이다."

분명 이것이 중앙승가대학을 운영하신 스님의 교육관이리라.

불교행정에 임하여

이밖에도 스님의 행적에서 빠뜨릴 수 없는 부분은 본사 주지 및 총무원장 등의 행정직을 맡았을 때의 일이다.

스님께서는 1958년 대한불교조계종 제11교구본사 불국사 주지를 맡았으며, 1969년에는 서울 봉은사 주지, 1971년에는 대한불교조계종 제8대 총무원장, 1976년에는 제10교구본사 은해사 주지, 1978년 대한불교조계종 제15대 총무원장, 1983년 비상종단운영회의 부의장, 1984년 대한불교조계종 제23대 총무원장, 1985년 제23교구 본사 관음사 주지, 1994년 대한불교조계종 개혁회의 의장 등을 맡으셨다.

총무원장 3차례, 본사주지 3차례, 그리고 종단의 비상시기에 부의장과 의장직을 맡았던 것이다. 그런데 참으로 묘한 것이 하나 있다. 그것은 어느 직책도 스님께서 원하여 맡지 않았다는 것이다. 하나같이 종단이나 그 본사가 어려움에 처하였을 때 맡은 직책이었고, 하나같이 종도들의 청에 의해 맡은 직책이었다.

대립과 갈등으로 종단이 어려울 때 스님께 행정을 맡아 주십사 하고 청한 까닭은 스님의 청빈과 무주상(無住相)의 정신, 그리고 큰 포용력 때문이었다. 높은 자리에 있을 때마다 스님은 평소의 삶 그대로 근검(勤儉)을 솔선수범 하셨고, 근검이 복이 됨을 후학들에게 가르쳤으며, 봉급이나 판공비를 받으면 모아두었다가 모두를 총무원의 재정을 돕거나 남을 돕는 일에 희사하셨다.

늘 자비심으로 행정에 임하셨던 스님이지만, 그릇된 경우를 보면 절대로 뜻을 굽히지 않으셨다. 한 번은 아랫사람들이 종법에 어긋나는 주장을 하자 엄히 꾸짖으시고는 총무원장직을 버리셨다. 그때 암도스님이 부원장을 맡고 있었는데, 스님은 사전에 한 마디 상의도 없이 사표를 써와서 넘겨주셨다. 그때 암도스님이 여쭈었다.

"저는 어떻게 하지요?"

"알아서 해."

이 한 말씀뿐이었다.

"그럼 저도 내지요."

총무원장과 부원장이 사심없이 사표를 던짐으로써,

그릇된 주장을 하던 아랫사람들을 꺾고 종단을 바로잡아 주셨던 것이다.

또 성철스님의 종정 재추대 문제로 종단이 시끄러웠을 때에도 스님은 '원로스님의 권위가 곧 종단의 권위'라고 주장하시며 원로의원 회의에서 결의한 재추대에 대해 뜻을 굽히지 않으셨고, 그 결연한 뜻이 양분될 뻔한 종단의 위기를 극복할 수 있게 하였다.

하지만 스님은 종권을 관장하는 자리에 결코 오래 머물지 않으셨다. 일머리가 돌아가는 것이 보이면 홀연히 떠났고 집착하지 않음으로써, 늘 맑은 바람으로 주위를 시원하게 해주셨다. 곧 갈등과 분규의 종단이 새롭게 태어나는 산파 역할을 하신 다음 서둘러 자리에서 물러나는 스님의 모습을 뵈올 때마다, 사람들은 깨끗하고 곧고 탈속한 스님에 대해 더욱 존경심을 일으켰던 것이다.

그리고 성철 스님이 열반에 든 다음 종단에서는 여러 차례 스님을 종정(宗正)으로 모시고자 하였고, 주위에서도 수락을 할 것을 거듭 청하였었다. 그러나 스님께서는 그 청들을 물리치셨다. 다음과 같은 단 한마디의 말씀으로.

"조계종의 종정은 산중스님이 해야 해. 도심에서 산
나는 자격이 안돼."

실로 자격이 없어서가 아니라, 어떠한 명예로운 자
리에도 관심이 없었던 스님의 진면모가 담겨있는 한 마
디인 것이다.

회향(廻向)과 원적(圓寂)

세수 85세가 되었을 때, 스님께서는 이 세상에서 꼭
하고 갈 마지막 일을 준비하셨다. 이 무렵 스님께서는
자주 말씀하셨다.

"이제는 나도 늙었으니, 늙어서 오갈 데 없는 늙은이
들을 모아 함께 살아야겠어."

하지만 스님의 진정한 뜻은 단순히 노인들과 모여
사는데 있지 않았다. 더 깊은 뜻이 있었고, 이렇게 진
심을 털어놓으셨다.

"내가 평생을 포교하다보니 참으로 안타깝게 느껴지

는 것이 하나 있었어. 그것은 불자들 가운데 평생을 사찰에 다니면서 보시를 하고 화주를 하였는데도, 노년에 돌보아 줄 자손이 없어 어려운 처지에 있는 분들이 많다는 것이야. 그러한 분들이 함께 모여 생활하고 수행할 수 있는 곳이 있어야 하지 않겠어?"

스님은 충청남도 온양의 금병산 기슭에 땅을 매입하여 안양원(安養院)이라는 복지관을 지었다. 지하 1층·지상 3층, 연건평 550평의 초현대식 건물이었다. 그리고 그곳에 머무는 불자들의 신행생활을 위해 대웅전·관음전·지장전·누각을 갖춘 보문사를 창건하셨다. 이때 스님은 IMF 등의 국내경제사정으로 인해 불사금을 마련하는데 많은 고심을 하셔야 했고, 그 당시 옆에 있었던 한 신도는 말씀하셨다.

"수 십년 동안 큰스님을 가까이에서 뵈었지만, 그때처럼 고생하시는 것을 뵌 적이 없다. 안색도 자주 피로해 보이셨고…."

그러나 이 보문사 안양원 불사를 마지막 불사로 생각하셨던 스님은 조금도 흔들림 없이 이룩하셨고, 열반에 드시는 그날까지 향후에 쓸 기금 마련을 위해 96세의 노구를 아끼지 않으셨다.

아, 누가 있어 한평생을 이토록 자비원력으로 사셨을까?

2004년 11월 11일, 스님께서는 서울 봉은사의 종루에 걸 주련을 쓰시다가 떨어지는 낙엽을 보며 문득 한 수의 시를 지으셨다.

廻顧九十六年事
一似懷珠傭作擔
貧今朝放下煩重
本地風光古如今

구십육 년 세월을 되돌아보니
마치 왕자가 구걸 다니듯 했네
오늘 아침 무거운 짐 내던지니
옛 모습 오롯이 본 고향이구나

그리고 3일 뒤인 11월 14일, 스님께서는 안양 보문사에서 열반에 드셨다. 세수 95세, 법랍 81세로 색신(色身)을 버리고 공한 열반의 세계에 드신 것이다. 스님께서는 평소에 자주 말씀하셨다.

"원래가 불생불멸(不生不滅)이요 불고불락(不苦不樂)임을 체득해야 해."

이를 분명히 체득하신 스님께서는 우리가 그리워하고 친견하고자 할 때마다 진공(眞空)속에서 묘한 모습〔妙用〕을 나타내어 가장 적절한 깨달음을 주시리라.

스님의 영결식은 2004년 11월 15일 오전 11시에 스님의 출가 본사인 부산 범어사에서 원로회의장(元老會議葬)으로 엄수되었고, 이어 다비식을 거행하였다. 이튿날 불이 꺼진 다비장에서 정골사리를 비롯한 수백 과의 영롱한 사리가 나왔지만, 문도들은 '사리를 공개하지 말라'는 큰스님의 유지에 따라 남몰래 수습하여 보관하였다.

근대의 고승이신 한암(漢巖) 대종사께서는 수좌들에게 자주 말씀하셨다.

"너희들은 이 다음에 서울 가서는 살지 말아라."

"왜 그러십니까?"

"중은 서울에 오래 살 것이 못 돼. 그릇된 출가인이 되기 쉬운 곳이야."

그러면서 석주스님 말씀을 가끔씩 하셨다.

"석주스님은 참 대단한 분이야. 젊어서부터 서울 살면서도 청정 계율을 지키며 정진을 잘 하는 것을 보면 참으로 근기 가 대단해."

한암대종사는 석주스님께서 40세가 조금 넘었을 때 이 말씀을 하셨다. 그런데 그 이후의 스님 삶까지를 모두 보셨다면 틀림없이 '도심 속의 도인이요, 저자거리 속의 보살'이라 하셨을 것이다.

아, 누가 있어 서울 한복판에서 스님처럼 자비롭고 멋진 삶을 살아가리! 깊이 9배를 올리며 '석주큰스님 생애'에 대한 간략한 글을 마감한다.

나무마하반야바라밀.

제Ⅲ장

큰스님의 일화

제Ⅲ장의 일화들은
큰스님 94회 생신 때
큰스님과 인연있는 114분의 글을 모아 만든
기념문집 『크신 원력 수미산을 넘어』를
중심에 두고 엮은 것입니다.
큰스님의 향훈 속에서
모두가 깨어나기를 기원드리옵니다.

안과 밖, 시작과 끝이 똑같은 분

스님께서는 1세기 가까이 이 나라 불교계의 선두에 서서 비바람을 마다하지 않으셨다. 때로는 크고 작은 사찰의 주지에서부터 총무원장까지, 때로는 역경사업 이사장 · 승가대학 학장 · 청소년 교화단체 총재, 장학 회장 · 포교원장, 그리고 불사와 관련된 모임의 고문 등을 맡아 참으로 불사의 꽃을 피어나게 하신 분이다.

그러나 스님께서는 당신의 덕과 공을 이야기하는 법이 없으셨다. 오직 있는 그대로 말씀하셨고, 꾸밈없이 사셨다. 남을 위해 헌신할 뿐 자신을 내세울 줄 모르셨다. 그래서 사람들은 스님을 우러러 칭송하였다.

"안과 밖이 똑같은 분"

또 보통의 스님들은 70세가 넘으면 큰스님 대접을 받으며 편안히 지내고자 하신다. 하지만 석주큰스님은 달랐다. 아흔이 넘어서도 끊임없이 원력을 세우고 불사를 하셨다.

"스님, 연세가 높으신데 편안히 계셔야지요. 건강이 손상됩니다."

이러한 주위의 권유에 대해 스님은 받아들이지 않으셨다. 원력(願力)으로 사셨고, 자비심으로 사셨기에 쉬임없이 불사를 하셨다. 그야말로 시작과 끝이 똑같은 큰스님이셨다.

이제 일상생활 속의 큰스님 진면목부터 살펴보도록 하자.

의식주(衣食住)

♂1

평소 승려나 신도들은 속옷·양말 등을 자주 선물하였고, 그때마다 스님은 속옷은 속옷대로, 양말은 양말대로 벽장에 보관하셨다. 그럼 스님의 옷은 어떠하였을

까? 너무 오래 입어 겨울 속옷이 얇아지고 소매 등이 해어졌으며, 양말에도 구멍이 날 때가 많았다. 그때 시자가 새 옷으로 바꾸어 드리려 하면 말씀하셨다.

"입다가 해지면 한 뜸 한 뜸 기워서 입으면 되고, 옷이 얇아지면 몇 개씩 껴입으면 된다."

그리고는 큰스님 방 경장 밑에 보관되어 있는 바늘과 실을 꺼내어 구멍 난 양말을 손수 기워 신으셨다. 또 속옷의 고무줄은 몇 번이나 새로 넣어 입으셨고, 무릎이 완전히 닳아져 해지면 잘라서 짧게 만들어 입으셨다.

이와 같이 검소하게 사시며 가을·겨울동안 모아 두었던 벽장 속의 속옷과 양말은 어김없이 양로원으로 보내졌고, 봄·여름으로 모은 것은 여름 수해로 고통 받는 이재민들에게 전달하였다.

❧2

스님은 장마철에 수해가 나면 크게 가슴 아파 하셨다. 어느 해 여름, 칠보사 신도들은 홍수로 피해를 입은 이들에 대해 그지없이 안타까워하는 큰스님의 마음과 함께하기 위해 종각 네거리에서 수해 돕기 가두모금을 하였다. 그때 큰스님께서는 내복과 양말 등을 가득 가지고 행사장으로 오셨다. 그것도 새 것으로만. 이에 신도들이 여쭈었다.

"스님, 왜 새 것만 내놓으십니까? 스님께서는 헌 것만 입으시면서…"

"남들에게 줄 때는 더 좋은 것, 더 쓸만한 것을 주는 거야."

☃3

서울 칠보사의 화장실은 겨울철에 연탄을 피워 난방을 하였으므로 연탄가스 냄새가 진동을 하였다. 큰스님께서는 화장실에 들어가 한참동안 나오지 않는 경우가 종종 있었는데, 시자가 혹시나 하며 화장실로 가보면 빨래를 하고 계셨다. 적어도 속옷·양말·손수건 등은 아흔이 넘어서까지 손수 빨래하셨다. 시자가 죄송스러워하며 빨려고 하면 단호히 말씀하셨다.

"내 빨래는 내가 해야 해. 내 시봉보다는 공부에 마음을 두어라."

❀4

스님은 소식가(小食家)이셨고, 스님께 건강비결을
여쭈면 자주 말씀하셨다.

"나는 젊어서부터 아주 적게 먹는 것을 지켰어. 더
먹고 싶을 때는 수저를 놓았지."

소식으로 식탐(食貪)을 경계하셨던 스님은 한 끼에
밥 너댓 숟가락 정도, 반찬은 두서너 가지가 전부였으
며, 과일을 드실 때도 한 쪽 이상은 드시지 않았다. 특
별히 좋아하는 음식은 없었지만, 콩국수와 칼국수를 즐
기시는 편이었다. 국수도 몇 젓가락 이상은 드시지 않
았지만 대중들에게 늘 말씀하셨다.

"많이 먹어. 옛날에는 국수가 절에서 해 먹는 음식
중에서 가장 별미 음식이었지."

❀5

가끔씩 비구니 스님들이 별미의 사찰음식을 만들어
가지고 와서 큰스님께 공양을 올렸는데, 조금이라도 지
나치다 싶으면 일언지하에 내치셨다.

"일없어."

찬바람이 날 정도로 딱 자르는 한 마디에 공양을 준비해온 스님은 더 이상 권하지도 못하고 안절부절하였다. 그때 스님께서는 자상하게 깨우쳐 주셨다.

"맛있는 음식을 먹고자 하는 것은 인간의 기본 욕구다. 그러나 수행자가 식탐을 벗지 못하면 그만큼 수행이 곤궁해진다는 것을 잊지 말아야 해."

이렇게 큰스님은 식탐을 무섭도록 경계하셨다. 요즈음 일부 시내사찰에서는 파·마늘 등의 오신채를 쓰기도 하지만, 스님이 계신 절에서는 오신채는 물론 라면도 스프에 고기가 들어갔다고 하여 먹지 않았다. 특히 육식에 대한 스님의 의지는 단호하였다.

"고기를 먹는 것은 자비의 종자를 끊는 일이야. 어쩔 수 없이 약으로 먹는 것이야 말릴 수 없지만, 역시 수행자로서 취할 바는 못돼."

한걸음 더 나아가 스님께서는 물을 마실 때에도 꼭 축원을 하셨다. 컵을 앞에 두고 물에 살고 있는 모든 중생들을 위하여 기도를 마친 다음 그 물을 마셨다. 스님께서는 종종 말씀하셨다.

"설령, 계곡에 흐르는 물이라 할지라도 아껴 써야 하

고, 내가 이 물을 쓸 수 있게 된 것에 감사해야 한다."

❦6

스님께서 거처하신 칠보사의 조그마한 방에는 책 이외에 특별한 것이 없다. 오래된 한옥이어서 겨울이 되면 외풍이 강하였을 뿐 아니라, 무엇보다도 방에 화장실이 붙어있지 않아 일단 밖으로 나가야만 화장실을 사용할 수 있었다. 이에 칠보사 스님들은 화장실을 개조하여, 추운 겨울날 방에서 바로 화장실로 들어갈 수 있도록 여러번 계획하였다. 그때마다 큰스님은 한사코 반대하셨다.

"지금 이만한 화장실도 수행자에게는 사치야. 그리고 화장실을 어찌 수행하는 곳과 통하게 하려는 것이냐?"

❦7

스님 방과 붙어있는 접견실에는 오래된 소파가 있었다. 1978년 경, 돈 많은 한 보살이 스님을 친견하러 왔다가 푹 꺼지는 소파를 보고 청하였다.

"스님, 소파가 너무 낡았습니다. 바꾸시지요. 제가 보시하겠습니다."

"일없어요."

검소한 스님께서 일언지하에 거절하자 옆에 있던 다른 보살이 거듭 청하였다.

"스님께서는 일이 없으시겠지만 남의 마음도 생각하셔야지요. 스님을 처음 친견하러 오는 사람들은 매우 긴장을 하는데, 소파에 앉다가 '푹' 하는 소리에 모두들 안절부절 놀라잖아요."

큰스님께서는 크게 웃으시며 말씀하셨다.

"그래, 남의 마음을 불편하게 해서는 안 되지."

이렇게 스님께서 허락하시어 고물 소파를 비로소 바꿀 수 있었다.

＆8

스님께서는 남을 위해 베푸는 데는 주저함이 없었지만, 당신을 위해 쓰는 모든 것에 대해서는 굉장히 아끼셨다. 극단적으로 대변을 본 다음 한 장의 종이를 반으로 잘라 뒷처리를 마무리 하고, 나머지 반은 호주머니에 넣었다가 다음에 사용하실 정도로 검소하셨다.

스님께서는 늘 공양시간이 되면 2층 방에서 내려와 1층의 공양간으로 가서 대중과 함께 공양을 드셨는데, 그 공양간에는 은사이신 남전(南泉)노스님의 사진이 있었다. 그런데 스님께서는 자주 말씀하셨다.

"은사님을 똑바로 쳐다보지 못하겠어."

"왜요?"

"은사님께서 '낭비가 심하다'며 언제나 나를 꾸짖고 계시는 것 같아."

이 말씀이 그토록 검소한 스님의 진심이었다.

☙9

스님은 아흔이 넘어서도 돋보기안경 없이 신문·책 등의 잔글씨를 읽으셨고, 주위 사람들은 신기한 듯이 여쭈었다.

"스님, 돋보기를 쓰지 않아도 잘 보이십니까?"

"응, 잘 보여요."

그래서인지 꼭 불을 켜야 할 때가 아니면 형광등을 켜지 않았다. 특히 붓글씨를 쓸 때는 정신집중과 함께 주위가 밝아야 함에도, 큰스님은 좀처럼 불을 켜지 않고 쓰셨다. 하지만 주위 사람들이 청하면 달랐다.

"스님, 불 켜도 됩니까?"

"켜도 돼."

상대가 어두운 것을 싫어하나 싶어 금방 허락하시는 것이다.

생활 속의 가르침

♂10

석주큰스님의 새벽예불 참석은 철저하셨다. 새벽 3시 이전에 일어나 세수를 하고 법복을 수한 다음 정진을 하시다가, 도량석 목탁소리가 나기 시작하면 법당으로 가서 108배를 하셨다. 그리고 예불을 올린 다음 관음예참(觀音禮懺)을 행하고 하루를 여셨다.

새벽예불에의 참석. 스님께서는 감기로 열이 39도까지 올라 대중들이 어찌할 줄 모를 때에도 새벽예불과 108배는 거르지 않았으며, 갈비뼈에 금이 가서 붕대를 감고 있었던 며칠 동안도, 자리에서 일어나 가사 장삼을 수하시고 법당을 향해 방에서 예불을 하셨다.

신도들과 함께 지방으로 성지순례를 할 때도 마찬가지였다. 모든 이들이 몸이 고단해 일어나기를 어려워할 때에도 스님은 여느 때와 같이 새벽예불에 꼭 참석하셨다. 신도들이 아침이 되어 예불을 올리지 못한 송구함으로 고개를 떨구고 있을 때, 스님은 오히려 다정한 말투로 마음을 어루만져 주셨다.

"고단하지? 잘 잤어?"

그리고 해외여행 때에는 침대 위에서라도 꼭 예불을 드리고 관음예참을 행하셨다. '행여 여행 중에 병이라도 나시면 어떡하나' 걱정하여 주위에서도 편히 좀 쉬시라고 하면 한마디로 말씀하셨다.

"중이 새벽에 부처님께 기도 안하면 되나."

큰스님께서는 '승려노릇 잘 하는 법'에 대한 질문을 받으면 늘 한결같이 말씀하셨다.

"새벽예불에 빠지지 않는 것과 아침공양에 빠지지 않는 것이다. 새벽예불에 빠지는 것은 그 전날 절에 늦게 들어오거나 딴 짓을 했다는 증거이고, 아침공양에 불참하는 것은 그 전날 저녁에 밖으로 나가 딴 것을 먹었기 때문이야. 아무리 힘들고 바쁜 일이 있어도 새벽예불과 아침공양에 참석하는 것이야말로 승려에게는 가장 중요한 일이야."

이렇게 새벽예불로 하루를 여셨던 스님께서는 잠자리에 들기 직전에 이부자리 위에서 무릎을 꿇고 합장하여 기도를 하는 것으로 하루를 마치셨다.

☖11

큰스님께서는 한가로운 낮 시간이면 눈을 감은 채 머리와 어깨를 약간 뒤로 젖히고 엉덩이 뒤쪽 방바닥을 양팔로 짚고 앉아 계신 경우가 많았다. 그러한 자세에 대해 '앉은 채 낮잠을 즐기시는 중'이라 생각하는 이가 더러 있었다. 하루는 한 승려가 큰스님께 여쭈었다.

"스님, 피곤하시면 잠깐 누워 쉬시지, 왜 앉아서 조십니까?"

큰스님은 이 질문을 받고 웃으시며 장난기 섞인 말투로 반문하셨다.

"어째서 내가 피곤하여 낮잠을 잔다고 생각하느냐? 지금 대우주의 휴식이 내 의식 속으로 자연스럽게 들어

오고 있다는 것을 너는 모를 거야."

그리고는 혼잣말처럼 말씀하셨다.

"사람들의 문제는 자기중심적으로 멋대로 생각하는 데 있고, 불교는 주객전도(主客顚倒)를 바로잡는 것이 핵심이야."

스님은 주객전도를 뛰어넘어 대우주와 일체를 이루는 휴식을 즐기셨던 것이다.

☙ 12

큰스님이 비구니 스님과 함께 산길을 오르고 있었을 때다. 마침 땅에 볼펜 한 자루가 떨어져 있어 비구니는 볼펜을 줍기 위해 잠시 멈추었고, 큰스님은 계속 올라가셨다. 비구니가 볼펜을 주워들고 헐레벌떡 뛰어오자, 왜 멈추었는지를 물으셨다.

"볼펜이 떨어져 있어 주웠습니다."

"그 볼펜이 네 것이냐?"

"제 것이 아닙니다."

그러자 무서우리만큼 엄한 목소리로 꾸짖었다.

"땅에 떨어진 물건이라도 임자가 있거늘, 왜 남의 물

건에 손을 대느냐? 그 볼펜을 주웠던 곳에 다시 갖다 놓아라."

비구니는 왔던 길을 되돌아가서 볼펜을 두고 오는 것도 싫었지만, 아주 흔한 볼펜이었으므로 주인이 찾으러 오지 않으리라 생각하였다.

"스님, 이 볼펜은 아주 싼 것이라 주인이 찾으러 오지 않을 것입니다."

"무슨 말을 하고 있느냐? 하찮은 볼펜이라 하더라도 잃어버린 사람에게는 소중한 것일 수 있다. 주인이 찾으러 와서 허탕을 치면 안 된다. 그리고 주지 않는 물건을 취하는 것은 남의 물건을 훔치는 것과 같다."

결국 비구니는 왔던 길을 되돌아가 원래 있던 자리에 볼펜을 놓았다.

13

이와 비슷하지만 약간 다른 일화도 있다. 큰스님과 신도들이 가평의 어느 절로 가다가, 산길 한쪽에 떨어져 있는 칼을 한 신도가 주웠다. 큰 스님은 '땅에 떨어진 물건이라 할지라도 주지 않는 남의 물건에 손을 대어서는 안 된다'고 하시며 제자리에 두게 하셨다. 그때 한 신도가 말씀드렸다.

"스님, 이 칼을 주인이 와서 찾아간다면 다행이지만, 이 칼을 어린아이가 주워서 가지고 놀다가 다치기라도 하면 어쩌겠습니까? 이 칼은 가지고 갔으면 좋겠습니다."

스님은 일리가 있다는 듯 묵묵히 계셨고, 신도들은 다시 칼을 주워 종이에 싸서 치웠다.

❡14

큰스님은 목암주로 만든 108염주를 늘 돌리셨다. 어느 날 한 신도가 수정으로 만든 108염주를 스님께 드렸는데, 스님은 시자를 불러 그 염주를 주었다.

"네가 쓰라."

"스님, 이 염주는 수정으로 만든 매우 비싼 것입니다. 제가 쓰기에는 송구스럽습니다."

"나에게는 염주가 하나 있지 않느냐? 두 개를 갖는 것은 욕심이라 안 된다. 그리고 비싼 것은 더욱 안 된다."

그리고 지난날의 일화를 들려주셨다.

☙ 15

언젠가 스님은 좋은 염주를 선물 받아 외출할 때나 기도할 때나 항시 몸에 지니고 계셨다. 염주 알의 굵기가 적당하고 감촉이 좋아, 늘 굴리시며 염불을 하셨던 것이다. 그런데 한 승려가 큰스님의 염주를 보고는 '참 비싸고 좋은 것'이라며 칭찬하였다. 이 말을 듣고 스님은 깜짝 놀라 물었다.

"이 염주가 마음에 드십니까?"

"예, 아주 좋습니다."

"마음에 들면 가지십시오."

큰스님은 선뜻 그 염주를 주며 생각하였다.

'내 염주가 다른 수행자들에게 탐하는 마음을 내게 했구나. 좋은 교훈을 얻었다. 앞으로는 값나가는 것을 지니지 않으리라.'

그 뒤 스님은 이 다짐대로 실천하였고, 좋은 염주도 갖지 않았다는 것이다.

큰스님의 말씀을 들은 시자가 아뢰었다.

"저도 수행자입니다. 이 비싼 수정 염주를 저에게 주
시면 어떻게 합니까?"

"너에게는 변변한 염주가 하나도 없지 않느냐? 그
염주로 열심히 기도하도록 해라."

☙ 16

스님께서 94세 되셨을 때 연꽃 전시회가 열렸다. 전
시회에 초대받은 스님은 시자도 없이 혼자 가셨고, 주
최측 회장스님이 깜짝 놀라 여쭈었다.

"스님, 왜 혼자오십니까?"

"몰래 나왔소. 번거롭게 하기 싫어서."

회장스님은 진정으로 느꼈다.

'아, 저것이 저 분의 생활이구나.'

연꽃전시회 개막행사가 끝난 다음 큰스님은 회장의
안내를 받아 사찰음식전이 열리는 곳으로 갔고, 그때까
지 큰스님은 여전히 연꽃을 가슴에 달고 계셨다.

"스님, 그만 꽃을 떼시지요."

"그냥 놔두지 뭐. 꽃이 좋은데."

큰스님은 계속 혼자만 꽃을 꽂고 다니셨고, 회장은

또 한번 느꼈다.

'참으로 천진한 분이시구나.'

❡17

얼마 전부터 일반 신도들이 교계의 큰스님을 친견하기란 쉽지가 않다. 큰스님을 번거롭게 하지 않고 잘 모시고자 하는 밑의 스님들이 신도들의 출입을 통제하기 때문이다. 그러나 서울 삼청동 칠보사의 큰스님 방은 누구의 출입도 막지 않았다. 언제나 열려 있었고, 누구나 큰스님을 친견할 수 있었다.

주위에서 방문자의 출입을 다소 통제했으면 좋겠다는 제안을 올리면 스님은 한결같이 말씀하셨다.

"내가 무엇이건데, 내 보려는 사람들을 못 보게 해?"

스님은 찾아오는 누구에게나 3배가 아닌 1배만 하라시며 맞절을 하셨고, 처음 오는 신도분들께도 오히려 당신께서 무릎을 꿇고 앉아 정중하게 맞아 주셨다.

남몰래 은혜를

♪18

큰스님께서는 어려운 환경에 처한 학생들에게 입학금이나 장학금을 주는 일이 많았다. 한번은 칠보사 학생회 회원 하나가 대학교 입학금이 없어 걱정을 하다가 친할아버지와 같이 자상한 큰스님을 찾아가 어렵게 말씀을 드렸다.

"큰스님, 대학 입학금을 빌려주시면 졸업 후에 갚겠습니다."

"그렇게 어려웠으면 진작 찾아와 이야기 하지."

스님께서는 흔쾌히 돈을 주시며 말씀하셨다.

"갚지 않아도 된다. 다음 번 등록금도 내가 주마."

그 학생은 감사히 입학금을 받아 열심히 대학을 다녔고, 졸업 후 번 돈으로 가장 먼저 큰스님의 돈을 갚았다.

♪19

칠보사 학생회에 다녔던 한 여학생이 학비가 없어 스님께 말씀을 드려볼까도 하였지만, 차마 용기가 나지 않아 후배에게만 고민을 털어놓았다.

"언니, 그럼 내가 큰스님께 말씀드려볼까?"

후배가 큰스님께 말씀을 드렸더니, 꼭 한 말씀만 하셨다.

"돈이 없다."

그리고 스님은 그 여학생을 몰래 불러 말씀하셨다.

"그런 일이 있었는데 왜 직접 말을 하지 않았느냐?"

스님은 격려를 하시면서 봉투에다 등록금을 넣어 주시면서 당부하셨다.

"아무에게도 말하지 말아라."

학비만이 아니라 자기의 자존심을 지켜주기 위해 후배에게 '돈이 없다'고 잘라 말씀하신 큰스님의 높고 넓으신 마음에, 여학생은 흐르는 눈물로 흰 교복의 앞섶을 다 적시고 말았다.

❀20

지금은 대학교수로 불교계의 큰 학자로 계신 분이 40여 년 전, 대학을 다닐 때 경험했던 일이다. 그는 하숙비를 감당하기 어려워 조그마한 집의 문간방을 얻어 자취를 하였는데, 겨울방학 동안 서울에 남아 공부를 하려니 걱정이 앞섰다. 학원비와 생활비가 없었기 때문이다.

그러던 어느 날, 선배가 아르바이트를 소개해 주었다. 어느 출판사에서 불교 달력을 제작하는데, 달력 주문을 받아오면 1백 부당 3천원을 준다는 것이었다. 5백 부만 받아도 겨울나기는 해결되겠다는 계산속에서 그는 달력 주문 아르바이트를 맡았지만, 막상 주문을 받으려 하니 갈 곳이 없었다. 그가 고민을 하다가 마침내 떠올린 절은 석주스님께서 계신 칠보사였다.

'스님은 자비하시니 내 부탁을 들어주시리라.'

내성적인 성격의 그는 갈까 말까를 망설이다가 용기를 내어 큰스님을 찾았고, 큰스님께서는 인자하신 모습으로 달력 주문의 내용을 끝까지 들어주셨다. 그리고는 재확인을 하셨다.

"백 부를 주문 받으면 3천원의 수당이 있다고?"

"예."

스님은 3천원을 주시며 말씀하셨다.

"달력은 필요하지 않네. 공부 열심히 하시게."

21

큰스님이 계신 곳은 항상 열려 있었기에, 때로는 노숙자가 때로는 가난한 이가 찾아와 돈을 빌리고자 하였다.

"스님, 부모님이 편찮으시다는 전갈이 왔는데, 여비가 없어 고향으로 가지 못하고 있습니다."

"얼마가 필요하지?"

액수를 말하면 스님께서는 두 말 없이 그 돈을 주셨다.

"스님, 아이가 갑자기 아파 병원에 입원했습니다. 치료비 좀….."

스님은 조금도 주저함 없이 그 돈을 주셨다.

때로는 초면인 사람이 돈을 빌려 달라고 오는데, 옆에 있는 이가 보아도 갚을 것 같지 않은 인물들이었다. 그래도 큰스님은 아무런 조건 없이 주셨으므로, 사람들이 여쭈었다.

"왜 갚지 않을 것을 잘 아시면서 돈을 빌려 주십니까?"

그때마다 스님께서는 말씀하셨다.

"그냥 주고 싶어 줬고, 받을 생각도 없다."

지금은 나이 70대에 들어선 칠보사 신도 한 분이 젊었을 때 겪은 일이다. 그녀는 큰 아들을 낳을 때 극심한 난산으로 사경을 헤매게 되었고, 놀란 가족들은 큰스님을 청하였다. 스님께서는 즉시 산실로 가셔서, 신음하고 있는 그녀의 머리맡에서 하루 종일 가사 장삼을 수하시고 『지장경』을 읽으며 기도해 주셨다.

　그때가 무더운 양력 7월. 더욱이 산모 방이라 한층 더웠기에 가사 장삼이 땀에 흠뻑 젖었지만, 물수건으로 땀을 닦으시며 지극 정성으로 기도해 주셨다. 그렇게 꺼져가는 생명을 지켜주는 마음으로 기도하신 덕분에 아기와 산모는 모두 살아날 수 있었다.

　아기를 낳은 다음 그녀는 백일동안 일어나지도 못하는 난산을 겪었으니, 큰스님의 정성스런 기도가 없었다면 자칫 목숨을 잃었을 수도 있었으리라. 60년 가까운 세월동안 석주 큰스님을 가까이에서 지켜보았던 그 보살은 말씀하신다.

　"나는 석주 큰스님이 생불(生佛)이요, 자비보살의 화현임을 확신합니다."

어린이 사랑

🕯22

석주큰스님과 어린이의 관계를 한마디로 이야기하면 참으로 '좋은 인연'이었다. 특히 칠보사 어린이회 아이들은 큰스님 방을 시도 때도 없이 드나들었다. 스님 방에 신도들이 공양 올린 아주 귀한 과일과 과자 등이 많다는 것을 알게 되면서부터였다.

당시에는 분유가 흔치않은 때였는데, 스님께서는 손수 우유를 타 저어주시며 반복해서 권하셨다.

"어여 먹어. 아주 맛있어."

어느 날 노 보살 한 분이 큰스님을 친견하러 오셨다가 스님 방에 아이들이 가득 모여 있는 것을 보고 매우 못마땅한 듯이 말하였다.

"스님, 꼭 고아원 같아요. 웬 계집아이만 모아 놓았습니까?"

스님께서는 정색을 하고 말씀하셨다.

"그런 말 하려거든 다시는 찾아오지 말아요."

또 칠보사의 창건주인 칠보화보살은 아이들에게 매우 무서운 할머니였다. 칠보사 마당에서 놀고 있던 아이들은 보살님만 나오시면 이구동성으로 소리치며 도망쳤다.

"와, 호랑이 할머니 나오셨다."

그렇게 무섭던 노보살이 어느 날부터 매우 온화하고 다정다감한 할머니로 변하였다. 큰스님께서 불러 좋게 말씀하신 것이다.

"보살님, 아이들은 떠드는 것이 본능입니다. 본능을 무조건 막으면 아이들과 가까이 할 수 없어요. 그리고 아이들은 부처님처럼 맑은 마음을 가지고 있으니, 부처님 대하듯이 해보십시오. 오히려 아이들에게서 많은 것을 배울 수 있을 겁니다."

❧ 23

스님께서는 칠보사에 주석하시면서 늘 오갈 곳 없는 아이들을 데리고 와 손수 돌보고 키우면서 공부를 시키셨다. 그 아이들 가운데 수진이라는 아픈 아이가 있었다. 약 20년 전, 스님께서 상좌와 신도 몇 분과 함께 동해안 쪽으로 성지순례를 떠나게 되었을 때, 수진이가 무척이나 가고 싶어 하였다. 스님께서는 수진이가 다른

133
Ⅲ. 큰스님의 일화

일행들에게 짐이 될까 염려하여 '못 데려 간다'고 하셨다. 그때 도진스님이 청하였다.

"노스님, 우리 일행 중에 마침 의사도 함께 가게 되었으니 괜찮을 겁니다. 수진이는 저희가 돌볼 테니 데리고 가시지요."

성지순례 중에 수진이가 실제로 위급한 상황에 처하여 위기를 맞기도 하였지만, 즐겁게 그 성지순례를 마치고 무사히 돌아올 수 있었다. 그 뒤 큰스님은 도진스님에게 '고맙다'는 인사를 하셨고, 도진스님은 몸 둘 바를 몰라 하며 여쭈었다.

"노스님께서도 수진이를 데려가고 싶으셨지요?"

"그랬어. 저 아이가 앞으로 얼마나 살겠나?"

수진이는 큰스님의 각별한 보살핌 속에서 부모 슬하의 자식 못지않게 사랑을 받으며 얼마동안을 지내다가 세상과 이별을 하였다.

ॐ24

칠보사에서 키우는 아이 중 결손가정에서 데려온 아이가 있었다. 손버릇이 나빴던 그 아이는 절에 와서도 버릇을 고치지 못하였고, 한 번씩 돈을 훔쳐 군것질을 즐겼다. 학교를 다녔던 그 아이는 가끔씩 절에서 싸준 도시락을 먹지 않고, 훔친 돈으로 몰래 자장면을 사먹었다.

자장면을 사먹은 날은 절에서 마련해 준 도시락이 그대로 남게 되었는데, 어느 날은 도시락밥을 화장실에 버리다가 칠보사 주지스님께 들켜버렸다. 쌀 한 톨이 귀하였으므로 거지에게 주는 밥도 아까워하던 시절이었는데, 아이가 한 짓이었지만 가슴이 철렁했던 주지스님은 큰스님께 보고하며 말씀드렸다.

"저 아이를 내보내야겠습니다."

평소 하수구로 밥알 하나 떠내려 보내도 엄히 꾸중을 하셨던 큰스님이었으므로 주지는 틀림없이 허락을 하실 줄 알았다. 그런데 큰스님은 주지에게 사정하듯이 말씀하셨다.

"그래도 어떻게 내보내? 우리마저 버리면 저 아이가 어떻게 되겠어? 내가 특별히 알아서 할테니 그대로 두어라."

생일과 효도

🔔 25

큰스님의 생신은 승려·신도 할 것 없이 많은 이들이 기억하고 있었고, 심지어는 관직에 있는 이들까지 스님의 생신이 가까워지면 축하의 글을 칠보사로 보냈다. 하지만 큰스님은 생신상을 받는 것을 아주 싫어하셨다. 행여 상좌들이 생신상을 차리려 하면 스님께서는 단호히 말씀하셨다.

"스승의 뜻을 알지 못하는 제자는 상좌가 아니다."

몰래 생신상을 준비하려 하여도 스님께서는 이틀 전쯤 칠보사를 떠나 찾을 수 없는 곳으로 가버리셨다. 칠보사 대중들이 이곳저곳으로 전화를 하거나 계실만한 곳을 찾아가지만, 큰스님을 찾기는 쉽지 않았다. 설혹 큰스님을 찾게 될지라도 모시러 간 사람은 야단만 맞고 돌아갔다.

이렇게 큰스님 찾기 숨바꼭질을 계속하다보니 큰스님도 힘들고 칠보사 대중들도 힘이 들었다. 특히 시자는 큰스님을 잘 모시지 못한데 대한 질책을 받기 일쑤였다. 마침내 생신에 대한 이러저러한 일들을 알게 된

큰스님께서는 어느 날 답을 주셨다.

"내가 부처님께서 이 세상에 계시다가 열반을 한 나이만큼 살게 되면 생일상을 받지."

드디어 팔순 생신이 되어 많은 사람들이 꽃다발을 들고 스님 방으로 찾아들자 호통을 치셨다.

"왜 꽃을 부처님 전에 올리지 않고 이 방으로 갖고 오는 것이오?"

그날 스님께서는 말씀하셨다.

"수행자가 생일을 차려 먹는 것은 부끄러운 일이지만, 약속을 했기 때문에 지키고자 하는 것입니다. 또 이렇게 건강하게 오래 살았기 때문에 생일상을 받는 것이 아니라, 그동안 모든 불보살님과 사부대중의 보살핌이 있었기 때문에 모두에게 감사를 드리기 위해 식사초대를 하는 것입니다. 이제 팔순으로 생일모임은 다시 하지 않게 되기를 바랍니다."

§26

팔순 생신 이후 스님께서는 10년 동안 생신상을 받지 않으셨다. 그런데 충남 온양 보문사에 안양원이라는 노인복지시설을 연 1997년부터, 스님께서는 매년 생일상을 받기 시작하셨다. 실인 즉, 안양원에 계신 노인들을 위한 생신맞이였다.

그날이 되면 안양원 부근에 사는 노인 3~4백명을 모셔와 경로잔치를 겸하였다. 그러나 너무 요란스러우면 달가워하지 않았는데, 그때 측근에서 조심스레 청하였다.

"스님, 상좌들이 어떻게 차리든 그대로 받아주십시오. 덕분에 노인들이 잘 잡수면 좋지 않습니까?"

"맞아, 그래서 이 안양원에서 하지 않던 생일잔치를 하는 거야."

⚜27

당신을 위한 생신상은 굳이 마다하셨던 큰스님. 스님은 생신상 대신 부모님의 은혜를 생각하며 『부모은중경』을 찍어 법보시 하셨고, 『부모은중경』을 통하여 효(孝)를 강조하셨다. 1990년대 초반의 백중날, 스님께서는 효에 대해 다음과 같이 설법하셨다.

"잎은 나무에서 돋고, 나무는 뿌리에 생명의 전부를

걸고 있습니다. 그럼 '나'의 뿌리는 무엇인가? 바로 부모입니다. 잎과 나무가 뿌리를 떠나 아무리 살려고 해도 될 수 없는 것처럼, 우리 인간 역시 우리를 있게 한 부모님을 떠나서는 따로 훌륭하게 존립할 수가 없는 것입니다."

일찍이 집을 떠나 서울로 와서 출가하셨던 스님은 어머니에 대한 그리움이 남달랐고, 힘든 행자시절에는 그 그리움이 매우 강렬하였었다. 그때 은사 남전노스님은 이런 금언을 들려주셨다.

"효도의 근본은 자비·봉사·순결·근면·정직이다. 자신이 올바르지 않고는 아무리 효도를 잘 한다 해도 더욱 불효가 되는 것이다. 부모를 위해 잘못은 용서받기를 빌며, 부모를 위해 나누어 베풀기를 즐겨야 한다. 부모를 위해 부처님의 가르침을 받들고 계를 잘 지켜야 한다. 효도는 본마음으로 한결같이 잘 하여야 한다."

이 말씀을 깊이 아로새겼던 스님은 효도도 본마음으로 하셨고, 승려생활도 본마음으로 하셨다. 그리고 이와같은 효의 정신을 널리 펴고자, 생신 잔치를 하는 대신 그 돈을 모아『부모은중경』을 간행하는 불사에 쓰셨던 것이다.

❈ 28

평소 스님께서는 인터뷰에는 응하셔도 원고청탁은 거의 받지 않으셨다. 그런데 1971년의 총무원장 시절, 샘터사로부터 '어버이의 은혜'에 대한 원고청탁에는 선뜻 응락하시고 직접 글을 써 보내셨다.

월간『샘터』에 큰스님의 글이 나간 뒤 칠보사로 수많은 전화가 걸려왔고 편지가 날아왔다. 스님께서 글의 말미에, "독자들 중에서 부모님의 은혜를 알고자 하는 분이 칠보사로 연락을 주면 무료로 부모은중경을 보내주겠다"고 쓰셨기 때문이었다.

그날부터 약 1년 동안, 하루 백 여 권의『부모은중경』을 발송하는 것이 칠보사의 큰 일거리 중 하나가 되었다. 그것도 국내만이 아니라, 월남전에 참여한 군인이나 중동지역의 건설현장에서도 심심찮게 책보시를 요청해왔다.

그 일이 있은 뒤부터 스님의『부모은중경』법보시

불사는 열반의 그날까지 계속되었고, 부수는 무려 십만
부를 넘어섰다.

"마음이 없는 자리에는 효가 있을 수 없고, 효가 없
는 행위에는 사람의 향기가 나지 않게 된다."

이렇듯 효가 만행(萬行)의 근본이 됨을 대중들에게
강조하셨던 큰스님! 스님의 근원에는 그 어떠한 가르침
보다 '효'라는 덕목이 굳건히 자리를 잡고 있었던 것이다.

하심(下心)과 수계법회

✤ 29

"오만과 교만은 해탈을 가로막는 대표적인 것이다.
남보다 조금 앞서 있거나 유리하다고 하여 교만하면,
후일 그 응보를 받기 마련이야. 요즈음은 좀 배웠다고,
자식이 잘났다고, 가진 것이 좀 있다고 어깨에 힘을 주
는 사람들이 많은데, 그런 사람들 오래 못가요. 오만불
손하고 건방지면 사람이 따르지 않게 될 뿐 아니라 증
오심까지 갖게 되거든. 그렇게 되면 어떻게 하는 일들
이 제대로 되겠어? 그래서 옛 성현께서는 하심(下心)

하라고 하셨어. 스스로 낮아질 줄 아는 하심공부를 해
야 돼."

스님께서는 자주 설하셨던 이 하심의 법문을 언제나
솔선수범 하셨다.

어느 날 안국동의 정형외과를 찾았을 때의 일이다.
큰스님께서는 젊은 의사에게 90도 각도로 인사를 하셨
고, 그 장면을 옆에서 목격한 칠보사 신도회장은 깜짝
놀라 여쭈었다.

"어떻게 스님께서 젊은이에게 그토록 공손한 인사를
먼저 하실 수 있습니까?"

"무슨 소리야? 아무리 늙었어도 잘못하면 욕을 먹어
야 하고, 아무리 젊은이라도 좋은 일 많이 하고 훌륭한
행동을 많이 하면 존경받아 마땅해. 이 의사는 돈을 버
는 대로 양로원이나 고아원에 희사하고, 부부가 함께
봉사활동도 하는 사람이야. 흔히 볼 수있는 의사가 아
니야."

이렇게 스님은 당신을 낮추시면서 수순중생(隨順衆
生)을 하셨다.

☙ 30

범어사 말사인 기장 장안사에 큰스님의 상좌가 주지로 발령받았을 때였다. 큰스님은 청을 받아 부산으로 가셨다. 하지만 장안사로 가기 전에 부산 범어사에 먼저 들러 주지스님을 찾아 감사의 인사를 드렸다. 당시의 범어사 주지였던 정관스님은 이렇게 회고하셨다.

"그 정도의 어른이면 격식이나 절차 따위는 차리지 않는 것이 보통인데, 내가 범어사 본사 주지이고 스님 상좌가 말사 주지가 되었으니 일부러 인사를 하러 오신 것이지요. '고맙다' 는 답례를 하기 위해 큰스님께서 몸소 오셔서 예우를 갖추시는 것을 보면서 굉장히 깊은 감명을 받았고 삶의 자세를 배웠지요."

☙ 31

1994년 대구 관음사에서 「교도소통일법요집」을 발간하는 기금을 마련하기 위해 선서화전을 개최하게 되었다. 관음사 주지는 큰스님을 찾아뵙고 사연을 말씀드렸다. 당시 큰스님께서는 조계종의 개혁회의 의장을 맡아 참으로 분주하셨다. 하지만 스님께서는 젊은 주지를 친절히 맞이하여 격의 없이 통일법요집에 대한 조언을 해주셨고, '선배들이 하지 못해 미안하다'는 말씀까지 하셨다.

관음사 주지는 붓글씨를 부탁드리고 물러나오면서 약값으로 쓰시라며 봉투를 드렸다. 하지만 큰스님은 한사코 거절하면서 '불사에 보태 쓰라'고 하셨다.

그로부터 보름쯤 뒤, 큰스님께서는 붓글씨 작품 수십 장을 우편으로 보내주셨는데, 작품 몇 장에 낙관이 누락되어 있었다. 관음사 주지가 다시 찾아뵈었을 때 스님은 작품에 낙관이 없는 것을 보고 웃으며 말씀하셨다.

"이제 나이가 많아서 정신이 없구먼. 젊은 수좌, 바쁠텐데 이렇게 더운 날에 두 번 걸음을 시켜 미안하네."

스님께서는 빠진 글씨 몇 자를 적어주시면서 낙관을 찍으셨다. 8월 중순의 여름날, 큰스님의 온 몸에서는 땀이 줄줄 흘러내리고 있었다.

스님의 하심은 수계법회 시에 더욱 두드러지게 부각된다. 스님께서는 재가인의 5계를 주는 수계식은 직접 즐겨 집전을 하셨지만, 비구계나 보살계의 수계식에는 전계사를 맡지 않으셨다. 그 까닭은 전복죽 한 그릇에서 비롯되었다.

언젠가 여러 스님과 함께 제주도에 갔을 때, 한 신도가 전복죽을 끓여 공양을 올렸다. 스님께서는 전복을 넣은 사실을 알았지만, 신도의 성의를 무시할 수 없어 묵묵히 드셨다. 그러나 전복죽을 드신 것이 마음에 걸려 식육계(食肉戒)를 설하는 수계식은 집전을 하지 않았던 것이다.

자운스님이 입적하신 후인 1991년, 스님께서는 대한불교조계종 단일계단 전계대화상으로 추대되셨지만 한사코 사양하셨고, 계단에도 모습을 드러내지 않았다.

"나는 전계대화상을 할 수 없소. 전복을 넣고 끓인 죽을 먹은 적이 있는데 내가 어떻게 종단의 전계대화상이 될 수 있겠소?"

전복죽 한 그릇에 대한 양심으로 전계대화상까지 마다하셨을 정도로 한 평생 한 올 흩어짐 없이 계율을 지킨 큰스님이야말로, 오늘날 자칫 계율을 가볍게 여기는 후학들에게 큰 귀감이 되리라.

☙33

하지만 스님께서는 보살계 법회에 참석하시기를 좋아하셨다. 다만 전계대화상이나 갈마 · 교수아사리를 맡지 않았을 뿐이다. 그래서 보살계를 개최하는 절에서는 가끔씩 7증사(證師)의 한 분으로 큰스님을 모셨다.

삼각산 승가사에서 보살계 수계법회가 열렸을 때, 노스님께서는 3일 동안의 오전 오후 보살계 법문시간마다 법석 아래의 제일 앞자리에 앉아 나이가 훨씬 아래인 법사에게 세 차례 절을 하는 의식까지 하시며 법문을 들으셨다. 이것이 부담이 되었던 다른 승려들은 스님께 청하였다.

'노스님, 저희들이 보살계를 설할 때 노스님께서는 뒷방에서 편히 쉬시는 것이 좋을 듯 합니다."

"무슨 말을 그렇게 하시오? 젊은 스님네 법문을 들

는 것이 내 삶의 즐거움이야."

이것이야말로 큰스님의 진심이셨다.

❧34

2001년 강남 봉은사 보살계 수계법회의 증명이 되신 스님께서는 소박하게 웃으며 말씀하셨다.

"보살계 법회가 좋아 증명으로 참석했다."

그러나 법당 중앙 제일 가운데에 놓은 자리에 스님을 모시려고 하자 엄명을 내리셨다.

"가운데 자리는 전계대화상이 앉는 자리야. 법랍이 많고 오래 살았다고 하여 앉을 수 있는 자리가 아니야. 법에 맞게 한 쪽 옆으로 자리를 옮겨."

스님께서는 맨 끝자리에 앉아 보살계 법회가 원만히 회향될 때까지 자리를 지키셨다.

경 책(警策)

❧35

스님의 상좌 중에는 바둑을 즐기는 이들이 있었다.

147

그들은 짬이 날 때마다 바둑을 두다가 스님께 호되게 꾸중을 들었다.

"스님들이 바둑을 두는 것을 보면 신도들의 신심이 떨어진다. 그리고 승려로서의 할 일이 얼마나 많은데 바둑 둘 시간이 있단 말이냐. 바둑을 둘 시간이 있다면 내 문하에서 걸망을 지고 나가거라."

그러나 그 당시 나이가 젊었던 상좌는 가끔씩 지하실에서 큰스님 몰래 바둑을 두었다. 그런데 여름 장마로 고칠 것이 생겨 큰스님께서 연장을 가지러 지하실을 들렀고, 두 상좌는 '이제 쫓겨났구나' 하는 심정으로 자리를 정리하고 가사 · 장삼을 갖춰 입은 다음 큰스님 방으로 들어가 무릎 꿇고 참회하였다.

"이번만 용서해주시면 두 번 다시는 그러지 않겠습니다. 저희들을 가라고 하지 말아 주십시오."

그러자 큰스님께서 의아하게 물으셨다.

"무슨 일이야?"

"아까 지하실에 들어오셨을 때 바둑을 두고 있었습니다."

"나는 환한데 있다가 들어가서인지 어두운 안을 잘

못 봤어. 왜 하지 말라는 짓을 해서 떳떳하지 못하게 그러느냐? 다음부터는 하지 말아라."

그 일이 있은 다음 두 상좌는 완전히 바둑을 끊었다.

☙ 36

총무원장 시절, 스님은 조계사 법당에서 신도들을 위한 특별법회를 끝내고 방으로 들어가셨다. 그때 한 신도가 따라 들어가 절을 하며 말씀드렸다.

"스님, 저는 살고 싶지 않습니다."

그때 스님은 평소의 자상함과는 달리 엄하게 말씀하셨다.

"본래 나고 죽음이 없는데, 죽은들 어떠하며 태어난들 어떠하리. 태어나도 난 것이 아니요 죽어도 죽은 것이 아닐진대, 나고 죽는 것에 무슨 상관이 있겠느냐!"

이 말씀에 크게 얻은 바가 있었던 신도는 절을 하며 말씀드렸다.

"스님의 법문이 제 어리석음을 녹여 주셨습니다. 깊이 명심하여 잘 살겠습니다."

37

스님과 함께 신도들이 팔당호수로 방생을 갔을 때의 일이다. 방생을 하기 좋은 곳을 찾아 자리를 정하고 막 독경을 시작할 무렵이었다. 그때 신도들의 시야에 무엇이 꿈틀거리는 움직임이 보였다. 남녀가 적나라하게 얽혀있었던 것이다.

그 모습을 보고 신도들은 주춤주춤 자리를 피하였지만, 스님께서는 아무것도 보지 못한듯이 독경을 마친 다음 고기밥을 주고 방생을 하셨으며 축원까지 마치셨다. 그리고는 차에 오르셨다.

서울로 돌아오는 길에 소나기가 퍼붓기 시작했다. 그때 미처 우산을 준비하지 못한 한 여인이 비를 흠뻑 맞으며, 머리에 뭔가를 잔뜩 이고 걸어가고 있었다. 스님은 차를 멈추게 하고 그 여인을 차에 태우셨다. 그리고는 여인의 집을 물어 그곳까지 태워주도록 하셨다.

마침내 여인은 감사의 인사를 하며 차에서 내렸고, 큰스님께서는 신도들에게 말씀하셨다.

"이제야 보살들이 제대로 방생을 했어. 먼저 물고기를 살려줄 때는 다 도망가서 나 혼자 방생을 하였고,

이제 비 맞은 여인을 집에까지 태워주었으니 제대로 방생을 한거야."

그 밖의 일화들

38

'석주큰스님' 하면 사월초파일을 떠올리는 사람이 많을 만큼 스님께서는 부처님 오신 날 조계사의 법요식장에 꼭 참석하셨다.

법요식장의 단상 위에 앉은 종단의 대표들은 황금빛 가사장삼이나 붉은 비단 가사장삼을 입고 육환장까지 짚어 근엄한 모습을 보이지만, 스님은 그저 평상시의 가사장삼을 입고 앉아 계셨다. 그냥 꾸밈없는 수행자의 참모습으로 앉아계신 큰스님을 대하며 많은 사람들이 '무주상(無住相)'의 모습을 느끼곤 하였다.

그리고 단상 아래에서 해밝은 미소를 짓고 있거나 천진스레 자고 있는 동승들을 볼 때마다 스님께서는 잔잔한 미소를 지으며 말씀하셨다.

"고것들 참!"

스님께서 종단의 직책을 맡지 않고 있었을 때의 부처님 오신 날, 주최측에서 미처 큰스님의 자리를 마련하지 못하였다. 큰스님이 오신 뒤에야 준비의 미비함을 느꼈던 주최측이 자리를 마련하려 하자, 스님께서는 한쪽 끝자리에 앉으며 만류하셨다.

"단상에는 원래 직책을 맡은 분들이 앉아야 해. 괜찮아."

그리고 동대문 운동장에서 탑골공원까지의 제등행렬 때는 90노구에도 불구하고 늘 대열의 앞에 서서 걸으셨다. 한번은 기자가 여쭈었다.

"무척 피곤하실텐데 힘들지 않습니까?"

"괜찮아요."

또 한번은, 고령의 노스님이 젊은이들도 힘들어하는 제등행렬에 등을 들고 처음부터 끝까지 걸으시는 것을 본 의사가 찾아와 만류하였다.

"너무 무리하시면 안 됩니다. 이제는 건강에 유념하셔야지요."

"아니야. 불자가 부처님 오신 날에 등을 밝히고 걷지 않으면 누가 해? 더군다나 외국사람들이 좋다며 박수

치고, 길 가던 시민들이 즐거워하는 것을 보면 참으로 기쁘고 부처님 오신 뜻이 느껴져."

❧ 39

김천 청암사 뒷쪽의 수도암이 중창 불사를 끝낸 첫 해인 1986년, 당시 70대 후반에서 80대 초반이었던 파계사 고송스님과 석주스님, 그리고 직지사 관응스님께서 수도암 선방에 모여 한 철을 난 적이 있었다.

큰스님이 젊은 수좌들과 의식주를 똑같이 하며 정진하는 일, 성격이 다른 세 분끼리도 편안히 지내는 것이 결코 쉬운 일이 아니었지만, 세 분 큰스님은 참으로 평화스럽게 잘 정진하셨다.

젊은 수좌들에게 노인 대접을 받거나 힘들어하기 보다는, 한 치의 흐트러짐도 없이 수행하시어 함께 정진했던 수좌들이 오히려 환희심을 일으키고 신심을 내어 공부하였다.

이렇게 조실의 위치에 있는 큰스님들이 함께 모여 안거를 한 것은 종단사 뿐아니라 해방 이후 전무후무한 일이었다.

❧40

1996년 8월, 미수(米壽)이신 88세의 노스님은 제자 등 30여명과 함께 민족의 영봉인 백두산 천지를 올라갔다. 정상 가까이에 이르렀을 무렵, 모두가 지쳐 마지막 마루턱에서 쉬어가게 되었는데, 스님만은 쉬지도 않고 2,844m의 백두산 정상에 날듯이 오르셨다. 처음 출발할 때, '나중에는 노스님을 업고 올라가야 하지 않을까'를 염려했던 일행들은 너무나 신기하여 여쭈었다.

"노스님, 어디서 기운이 그렇게 솟아납니까?"

"나도 모르겠어. 뒤에서 누군가가 밀어주는 것 같았어."

❧41

칠보사의 스님 방에 여러 신도들이 모였을 때 한 보살이 스님께 여쭈었다.

"큰스님, 장가 안 가기를 잘 하셨지요?"

"뭐? 장가? 왜 그래?"

"괜찮아, 일없어. 라고만 하시는 큰스님의 성품을 누

가 받아주겠어요?"

"내가? 아니야. 중노릇 잘하면 뭐든지 잘해. 어려운 중노릇도 하는데…."

그 보살은 다시 여쭈었다.

"큰스님, 지금까지 살아오시면서 외롭다거나 고독하다는 생각을 해보신 적 없으세요?"

"무슨 소리야! 비도 오고 눈도 오고 햇빛도 나고 하는 거지. 그렇다고 영원히 비가 오고 눈이 오나? 고정불변한 것이 없고 실체가 없는 거야. 내 그랬잖아. 객진번뇌(客塵煩惱)라고. 고독이 뒤집히면 삼매고 선정이야."

중노릇 잘하면 무엇이든지 잘한다고 하셨던 큰스님! 고독을 뒤집어 삼매와 선정에 젖어들었던 석주큰스님! 이제 큰스님께서 즐겨 일러주셨던 객진번뇌에 대한 법문을 소개하면서 큰스님의 일화를 마감한다.

"… 마음뿐이야. 모든 것은 이 마음이 장난치는 거야. 행복도 불행도, 선악도 시비도 다 마음이 하는 거야. 그런데 이 마음에 늘 먹장같은 무명의 구름이 뒤덮이고 산더미 같은

번뇌의 파도가 일어나거든?

그래서 우리는 밝은 태양과 명경지수 같은 부처님을 보지 못하지. 항상 먹장구름 같은 마음, 파도 같은 격정의 마음에 사로잡혀 본성을 못 보고 사는 거야. 말하자면 번뇌망상이 죽 끓듯 하는 중생심(衆生心)으로 밖에 살 수 없다는 얘기지.

그러나 이 번뇌망상은 실체가 있는 것이 아니야. 허상이야. 마치 손님처럼 스스로 왔다가 스스로 물러가는 거지. 그런 데도 우리는 그 번뇌를 쫓아버리고 어디서 참마음을 별도로 모셔 와야 하는 것처럼 착각을 하고 살아.

파도가 바닷물이듯이, 번뇌도 보리(菩提)야. 그러므로 실체가 없는 번뇌를 싫어하거나 미워하지 말고 번뇌가 곧 보리인 줄을 알아야 돼. 번뇌는 손님처럼 왔다가 때가 되면 스스로 갈 뿐이지. 그래서 객진번뇌(客塵煩惱)라고 하는 거야! 객진번뇌를 보리로 바꾸며 사는 불자가 되어야 잘 살 수가 있어."

석주당 정일 대종사 연표

1909년 3월 4일 : 경상북도 안동군 북후면 옹천마을에서 강대업
　　　　　　거사와 유정각화 보살을 부모로 5형제 중 둘째로 출생

1923년 : 남전스님을 은사로 출가하여 선학원에서 6년 행자 생활

1928년 ~ 1933년 : 범어사 불교전문 강원에서 6년동안 경학 연구

1934년 ~ 1939년 : 오대산 상원사, 금강산 마하연사, 덕숭산 정
　　　　　　혜사, 묘향산 보현사 등에서 효봉 · 청담 · 혜암스님 등과
　　　　　　함께 6년동안 참선 정진

1946년 : 불교혁신연맹을 경봉 · 용담 · 대의스님 등과 함께 조직,
　　　　　　불교개혁에 앞장 섬

1949년 : 부산 범어사에서 동산스님을 계사로 비구계 받음

1951년 : 김해 은하사 주지

1953년 : 10월 효봉 · 동산 · 금오 · 청담 · 자운스님 등과 함께 불
　　　　　　교정화운동을 위한 촉구결의를 선학원에서 가짐

1954년 : 5월 30일 대의 · 종익 · 재열 · 정영스님들과 불교정화운
　　　　　　동 발기

1958년 : 대한불교조계종(이하 조계종) 제11교구본사 불국사 주지

1960년 : 불교정화 사태수습을 위한 비상대책위원회 위원

1961년 : 재단법인 선학원 이사장, 운허스님과 함께 현 동국역경
　　　　　원의 전신인 법보원을 설립하여 불교경전 역경

1969년 : 사회사업후원회 발족, 서울 봉은사 주지

1970년 : 대한불교 청소년 교화연합회 총재

1971년 : 조계종 제8대 총무원장

1976년 : 조계종 제10교구 본사 은해사 주지

1977년 : 조계종 초대 포교원장

1978년 : 조계종 제15대 총무원장

1980년 : 중앙승가대학교 초대학장

1983년 : 비상종단운영회의 발족, 부의장 겸 상임위원

1984년 : 제23대 총무원장

1985년 : 제주 관음사 주지

1988년 : 중앙승가대학교 명예 학장

1989년 : 동국역경사업진흥회 이사장

1991년 : 조계종 단일계단 전계대화상

1994년 : 조계종 개혁회의 의장

1995년 : 동국역경원 한글 팔만대장경 역경사업 후원회 회장, 충
　　　　　남 온양 보문사에 불교사회복지시설 안양원 건립

2004년 : 조계종 명예원로(대종사), 온양 보문사 불교사회복지관
　　　　　장, 칠보사 조실, 봉은사 조실

2004년 11월 14일 : 충청남도 아산시 보문사에서 96세로 입적